GEOPOLÍTICA DO
NARCOTRÁFICO NA AMAZÔNIA

Editora Appris Ltda.
2.ª Edição - Copyright© 2024 do autor
Direitos de Edição Reservados à Editora Appris Ltda.

Nenhuma parte desta obra poderá ser utilizada indevidamente, sem estar de acordo com a Lei nº 9.610/98. Se incorreções forem encontradas, serão de exclusiva responsabilidade de seus organizadores. Foi realizado o Depósito Legal na Fundação Biblioteca Nacional, de acordo com as Leis nᵒˢ 10.994, de 14/12/2004, e 12.192, de 14/01/2010.

Catalogação na Fonte
Elaborado por: Josefina A. S. Guedes
Bibliotecária CRB 9/870

C871g
2024
	Couto, Aiala Colares Oliveira
	   Geopolítica do narcotráfico na Amazônia / Aiala Colares Oliveira Couto. – 2. ed. – Curitiba: Appris, 2024.
	   135 p. ; 23 cm. – (Ciências sociais).
	
	   Inclui referências.
	   ISBN 978-65-250-6814-5
	
	   1. Narcóticos – Fronteiras. 2. Narcóticos – Amazônia. 3. Narcóticos – Controle. 4. Tráfico de drogas I. Título. II. Série.
	
	                                        CDD – 364.13365

Livro de acordo com a normalização técnica da ABNT

Editora e Livraria Appris Ltda.
Av. Manoel Ribas, 2265 - Mercês
Curitiba/PR - CEP: 80810-002
Tel. (41) 3156 - 4731
www.editoraappris.com.br

Printed in Brazil
Impresso no Brasil

Aiala Colares Oliveira Couto

GEOPOLÍTICA DO NARCOTRÁFICO NA AMAZÔNIA

Appris
editora

Curitiba, PR
2024

FICHA TÉCNICA

EDITORIAL
Augusto Coelho
Sara C. de Andrade Coelho

COMITÊ EDITORIAL
Ana El Achkar (Universo/RJ)
Andréa Barbosa Gouveia (UFPR)
Antonio Evangelista de Souza Netto (PUC-SP)
Belinda Cunha (UFPB)
Délton Winter de Carvalho (FMP)
Edson da Silva (UFVJM)
Eliete Correia dos Santos (UEPB)
Erineu Foerste (Ufes)
Fabiano Santos (UERJ-IESP)
Francinete Fernandes de Sousa (UEPB)
Francisco Carlos Duarte (PUCPR)
Francisco de Assis (Fiam-Faam-SP-Brasil)
Gláucia Figueiredo (UNIPAMPA/ UDELAR)
Jacques de Lima Ferreira (UNOESC)
Jean Carlos Gonçalves (UFPR)
José Wálter Nunes (UnB)
Junia de Vilhena (PUC-RIO)

Lucas Mesquita (UNILA)
Márcia Gonçalves (Unitau)
Maria Aparecida Barbosa (USP)
Maria Margarida de Andrade (Umack)
Marilda A. Behrens (PUCPR)
Marília Andrade Torales Campos (UFPR)
Marli Caetano
Patrícia L. Torres (PUCPR)
Paula Costa Mosca Macedo (UNIFESP)
Ramon Blanco (UNILA)
Roberta Ecleide Kelly (NEPE)
Roque Ismael da Costa Güllich (UFFS)
Sergio Gomes (UFRJ)
Tiago Gagliano Pinto Alberto (PUCPR)
Toni Reis (UP)
Valdomiro de Oliveira (UFPR)

SUPERVISORA EDITORIAL
Renata C. Lopes

PRODUÇÃO EDITORIAL
Daniela Nazario

REVISÃO
Isabel Tomaselli Borba

DIAGRAMAÇÃO
Andrezza Libel

CAPA
Lívia Weyl Costa

REVISÃO DE PROVA
Renata Cristila Lopes Miccelli

COMITÊ CIENTÍFICO DA COLEÇÃO CIÊNCIAS SOCIAIS

DIREÇÃO CIENTÍFICA
Fabiano Santos (UERJ-IESP)

CONSULTORES
Alícia Ferreira Gonçalves (UFPB)
Artur Perrusi (UFPB)
Carlos Xavier de Azevedo Netto (UFPB)
Charles Pessanha (UFRJ)
Flávio Munhoz Sofiati (UFG)
Elisandro Pires Frigo (UFPR-Palotina)
Gabriel Augusto Miranda Setti (UnB)
Helcimara de Souza Telles (UFMG)
Iraneide Soares da Silva (UFC-UFPI)
João Feres Junior (Uerj)

Jordão Horta Nunes (UFG)
José Henrique Artigas de Godoy (UFPB)
Josilene Pinheiro Mariz (UFCG)
Leticia Andrade (UEMS)
Luiz Gonzaga Teixeira (USP)
Marcelo Almeida Peloggio (UFC)
Maurício Novaes Souza (IF Sudeste-MG)
Michelle Sato Frigo (UFPR-Palotina)
Revalino Freitas (UFG)
Simone Wolff (UEL)

Ao Bruno e ao Dom, pessoas que deram a vida pela Amazônia, pelos seus povos.

A minha provocação sobre adiar o fim do mundo é exatamente sempre poder contar mais uma história. Se pudermos fazer isso, estaremos adiando o fim.

(Ailton Krenak)

PREFÁCIO

A Amazônia é um importante ativo estratégico para o Brasil e para o mundo, abrigando 40% da floresta tropical remanescente e a maior biodiversidade de espécies do planeta. Apesar de sua importância para a garantia da segurança climática, o avanço do desmatamento em anos recentes e o enfraquecimento dos mecanismos de fiscalização ambiental tornaram a região ainda mais vulnerável, com recordes de áreas devastadas, queimadas, grilagem de terras e ameaças aos povos indígenas.

Além dos ilícitos relativos aos crimes ambientais, na última década se acentuaram na região outras formas de criminalidade violenta, parte em função do avanço do desmatamento e outras formas predatórias de exploração da terra, que resulta nos conflitos fundiários, mas também pelo estabelecimento de dezenas de facções criminosas vinculadas ao narcotráfico que atuam na região.

Diante desse cenário crítico, fico honrada em prefaciar este livro que trata da formação e funcionamento das redes de narcotráfico que atuam nas cidades da Amazônia, tema crucial para o desenvolvimento do Estado brasileiro. Se hoje a região sofre com o avanço do desmatamento e com a exploração ilegal de garimpos, não há como deixar em segundo plano o impacto socioeconômico e ambiental das atividades associadas ao narcotráfico. Seja pela proximidade com os principais produtores de cocaína do mundo — Bolívia, Peru e Colômbia —, ou pelos extensos rios transfronteiriços, que constituem importantes elementos de integração e conexão das redes de tráfico de drogas, a Amazônia brasileira tornou-se um território estratégico para atuação do narcotráfico transnacional.

Isso impacta diretamente nas cidades e em sua população, que sofrem historicamente com a pobreza e com a exclusão social, mas que nos últimos anos passaram a conviver também com a presença de facções criminosas, com o crescimento exponencial dos homicídios, da exploração sexual e de outros crimes violentos.

E se é forçoso reconhecer que este é um desafio nacional, posto que o narcotráfico atua em todos os estados brasileiros, também é preciso destacar que a capacidade institucional dos atores dos sistemas de justiça e segurança pública na região amazônica é insuficiente para dar conta do cenário de expansão da atuação da criminalidade violenta.

O livro de Aiala Colares Oliveira Couto, geógrafo e quilombola amazônida, evidencia por meio de dados, mapas e um texto de fácil leitura como o narcotráfico opera na região amazônica a partir de territorialidades definidas em relações de poder difusas. Mas, mais do que um retrato sobre a atuação do narcotráfico e suas complexas redes e alianças, o texto de Couto ressalta os impactos sociais que a atuação das organizações criminosas provoca no dia a dia da população local. Desigualdade, pobreza, discriminação e racismo são elementos comuns às áreas vulneráveis socialmente das cidades, reforçando o distanciamento entre seus habitantes e os órgãos responsáveis pela garantia do Estado de direito.

Em suma, não há como pensar uma agenda de desenvolvimento e de proteção da floresta sem considerar a importância que as redes operadas pelo narcotráfico na região amazônica assumiram no território. Como afirma o autor, "o narcotráfico na Amazônia, neste início de século, destaca-se enquanto uma das mais significativas e preocupantes ameaças à soberania nacional nas fronteiras e a defesa dos povos da floresta". Manter a floresta em pé passa por garantir a vida e a cidadania da população local, exigindo das autoridades a priorização de uma estratégia de enfrentamento ao narcotráfico.

Samira Bueno
Doutora em Sociologia (FGV-SP)
Diretora Executiva do Fórum Brasileiro de Segurança Pública

APRESENTAÇÃO

O livro em questão não se trata de uma obra que tem como foco principal teorizar sobre geopolítica para se compreender a Amazônia. A geopolítica que aqui é apresentada aparece muito mais de forma prática, utilizada pelos grupos relacionados ao narcotráfico e que fazem uso da região, impondo uma dinâmica de fluxos de drogas. A abordagem que aqui está sendo apresentada faz um debate sobre fronteiras e redes ilegais, trazendo a compreensão de como estão estruturadas as redes do tráfico de drogas na Amazônia brasileira.

A leitura do livro também aponta para o fato de que a Amazônia é um espaço privilegiado para as ações estratégicas das redes do narcotráfico, principalmente o tráfico de cocaína, pois suas fronteiras ultrapassam os limites do território brasileiro e isso possibilita uma interação espacial que conecta grupos de dentro de fora do território brasileiro. A Amazônia se destaca também por suas particularidades naturais, como floresta latifoliada e mata densa fechada, além de uma localização geográfica próxima aos principais produtores de coca (Bolívia, Colômbia e Peru) e uma bacia hidrográfica que conecta territórios dos países da Bacia Sul-Americana. Essa dinâmica, portanto, obedece às necessidades e possibilidades da expansão dos mercados do narcotráfico.

De início, destaca-se que o narcotráfico na Amazônia, nestas duas primeiras décadas do século 21, tornou-se uma das mais significativas e preocupantes ameaças à soberania nacional nas fronteiras e na defesa dos povos que lá vivem. Suas redes criam estruturas de poder que conectam o local e o global numa relação transnacional do comércio de drogas ilícitas. As redes do narcotráfico utilizam as cidades como bases operacionais, territorializando-se e articulando-se, situação que cria e fortalece facções ou comandos do crime organizado, os quais passam a controlar as principais rotas de interesse do circuito espacial de produção/beneficiamento, distribuição e consumo, sobretudo da cocaína, a principal droga que atravessa a região.

Nesse sentido, o mercado da droga torna-se o motor de desenvolvimento das atividades ilícitas que movimentam o tráfico de armas, a lavagem de dinheiro, o contrabando, dentre outras atividades lícitas e ilícitas. Quanto maior o seu poder nesse mercado, maior será a capacidade de narcotraficantes influenciarem em questões políticas, econômicas, sociais e até em temas da área de segurança pública. Nesse aspecto, o narcotráfico torna-se uma ameaça às instituições e à sociedade.

É sabido que o narcotráfico, para estar em constante funcionamento, deve articular-se em redes, permitindo maior fluidez da droga, do dinheiro oriundo de sua comercialização e das informações que tornam possíveis as transações de mercado. Essa fluidez impõe uma sinergia que envolve países produtores, atravessadores e consumidores. Além disso, em alguns casos, alguns países internamente passam a conviver com uma organização territorializada que cria zonas de controle, as quais se tornam pontos de contato dessas redes. Tem-se, dessa forma, uma estrutura organizacional do narcotráfico completa e bastante complexa em termos de relações.

É imprescindível reconhecer que nos últimos anos o narcotráfico vem ampliando sua geometria de poder multiescalar e talvez isso seja uma das explicações para compreendermos o debate acerca da legalização e descriminalização da droga. Inclusive com a liberação do uso recreativo da maconha em países da Europa e alguns estados dos Estados Unidos da América (EUA).

Analisar a dinâmica regional e global do narcotráfico no Brasil a partir da região amazônica torna-se, pois, um esforço necessário para apresentar uma das questões mais emblemáticas que a região vive. A história da Amazônia é marcada pela história dos mais variados tipos de conflitos políticos, econômicos, sociais e ambientais. E todos estes, de alguma forma, podem sofrer influências diretas ou indiretas das organizações criminosas que desenvolvem algum tipo de relação na região.

Por fim, há também a presença das facções do crime organizado que produziram uma cartografia das disputas e dos conflitos na região, elas são fruto de uma crescente interiorização das facções do Sudeste do Brasil, elas então se difundiram por toda a Amazônia, trata-se de uma geopolítica dos conflitos contemporâneos no Brasil em função do narcotráfico. Tais relações vêm produzindo uma geopolítica do narcotráfico sobre a região, geopolítica das redes ilegais e dos conflitos. Boa leitura!

Aiala Colares Oliveira Couto

LISTA DE ABREVIATURAS E SIGLAS

UNODC	Escritório das Nações Sobre Drogas e Crimes
ONU	Organização das Nações Unidas
PCC	Primeiro Comando da Capital
CV	Comando Vermelho
FDN	Família do Norte
CCA	Comando Classe A
Ifara	Irmandade, força ativa e responsabilidade acreana
FTA	Família Terror do Amapá
B13	Bonde dos 13
UCA	A União Criminosa do Amapá
B40	Bonde dos 40
PCM	Primeiro Comando do Maranhão
PCP	Primeiro Comando Panda
FEM	Fórum Econômico Mundial
PDFF	Programa de Desenvolvimento da Faixa de Fronteira
Terra	Territórios Emergentes e Redes de Resistência na Amazônia
FBSP	Fórum Brasileiro de Segurança Pública
PE	Polícias Estaduais
PF	Polícia Federal
MDMA	Metilenodioximetanfetamina
Uepa	Universidade do Estado do Pará

SUMÁRIO

INTRODUÇÃO 17

1
GEOPOLÍTICA DO NARCOTRÁFICO....................................... 21
1.1 O narcotráfico enquanto problemática de pesquisa 21
1.2. As Redes Geográficas do Narcotráfico...................................... 41
1.3 As cidades como nós das redes geográficas e a violência 50

2
FRONTEIRAS E REDES ILEGAIS TRANSFRONTEIRIÇAS NA
AMAZÔNIA... 55
2.1 A definição de fronteira 55
2.2 A faixa de fronteira.. 61
2.3 Redes transfronteiriças e apreensões de drogas ilícitas no Arco Norte 71

3
CARTOGRAFIAS E ESTRUTURA ESPACIAL DO NARCOTRÁFICO NA
AMAZÔNIA... 87
3.1 A Amazônia no contexto do narcotráfico 87
3.2 Cartografias das redes do narcotráfico na Amazônia: mudanças e permanecias .. 99
3.3 A interiorização das facções criminosas na Amazônia......................... 113

CONSIDERAÇÕES FINAIS 127

REFERÊNCIAS 131

INTRODUÇÃO

Este livro não é meramente um trabalho que tem como proposta iniciar um debate teórico sobre Geopolítica, em hipótese alguma esse foi o objetivo central da obra. Porém, isso não significa dizer que a Geopolítica não esteja de alguma forma presente nestes escritos, ela aparece na prática, nas ações e estratégias que são utilizadas pelas facções do crime organizado para manterem o controle efetivo das rotas e do mercado da droga.

Se a Geopolítica é um termo utilizado para indicar as práticas e os estudos acerca das relações de poder entres os Estados e territórios, em textos de Geopolítica do Brasil, ela aparece relacionando Estado e desenvolvimento estratégico. Há também, quem trate da Geopolítica a partir da articulação entre os Estados e as organizações internacionais para abordar interesses comuns, como temas relacionados à crise climática, às crises humanitárias, às pandemias, aos conflitos entre países, dentre outros. O Estado não vive sem a Geopolítica.

A questão que se chama a atenção neste livro é que não se tem aqui uma obra em que se analisa a Geopolítica do Estado e todas as relações de poder que por ela são estabelecidas envolvendo os diferentes territórios e suas dinâmicas socioespaciais. A hipótese aqui parte da afirmação de que o Estado não é o único a fazer uso da Geopolítica, pois as estratégias das organizações criminosas para a manutenção e expansão das redes ilegais em escala planetária, passa necessariamente pelas articulações que fazem uso da Geopolítica.

No livro em questão, trata-se especificamente do papel preponderante da Amazônia para o funcionamento de redes ilegais que relacionam territórios e fronteiras em uma dinâmica complexa e bem estruturada sob o controle de organizações criminosas. São relações de poder que fogem das regras do Estado, impõem lógicas de violência em função das disputas pelo controle das rotas e uso dos territórios, inserindo o Brasil e a Amazônia em um contexto internacional da economia do crime.

A Amazônia é um espaço privilegiado para as ações estratégicas das redes do narcotráfico, visto que suas fronteiras ultrapassam os limites do território brasileiro. Esse destaque ocorre em função das particularidades naturais da região, como floresta latifoliada e mata densa fechada, além de uma localização geográfica próxima aos principais produtores de coca

(Bolívia, Colômbia e Peru) e uma bacia hidrográfica que conecta territórios dos países da Bacia Sul-Americana. Essa dinâmica, portanto, obedece às necessidades e possibilidades da expansão dos mercados do narcotráfico.

De início, destaca-se que o narcotráfico na Amazônia, nestas duas primeiras décadas do século 21, tornou-se uma das mais significativas e preocupantes ameaças à soberania nacional nas fronteiras e na defesa dos povos que lá vivem. Suas redes criam estruturas de poder que conectam o local e o global numa relação transnacional do comércio de drogas ilícitas. As redes do narcotráfico utilizam as cidades como bases operacionais, territorializando-se e articulando-se, situação que cria e fortalece facções ou comandos do crime organizado, os quais passam a controlar as principais rotas de interesse do circuito espacial de produção/beneficiamento, distribuição e consumo, sobretudo da cocaína, a qual é a principal droga que atravessa a região.

Nesse sentido, o mercado da droga torna-se o motor de desenvolvimento das atividades ilícitas que movimentam o tráfico de armas, a lavagem de dinheiro, o contrabando, dentre outras atividades lícitas e ilícitas. Quanto maior o seu poder nesse mercado, maior será a capacidade de narcotraficantes influenciarem em questões políticas, econômicas, sociais e até em temas da área de segurança pública. Nesse aspecto, o narcotráfico torna-se uma ameaça às instituições e à sociedade.

É sabido que o narcotráfico, para estar em constante funcionamento, deve articular-se em redes permitindo maior fluidez da droga, do dinheiro oriundo de sua comercialização e das informações que permitem as transações de mercado. Essa fluidez impõe uma sinergia que envolve países produtores, atravessadores e consumidores. Além disso, em alguns casos, alguns países internamente passam a conviver com uma organização territorializada que cria zonas de controle, as quais se tornam pontos de contato dessas redes. Tem-se, dessa forma, uma estrutura organizacional do narcotráfico completa e bastante complexa em termos de relações.

É imprescindível reconhecer que nos últimos anos o narcotráfico vem ampliando sua geometria de poder multiescalar e talvez isso seja uma das explicações para compreendermos o debate acerca da legalização e descriminalização da droga. Inclusive com a liberação do uso recreativo da maconha em países da Europa e alguns estados dos Estados Unidos da América (EUA).

Analisar a dinâmica regional e global do narcotráfico no Brasil a partir da região amazônica torna-se, pois, um esforço necessário para apresentar uma das questões mais emblemáticas que a região vive. A história da Amazônia é marcada pela história dos mais variados tipos de conflitos políticos, econômicos, sociais e ambientais. E todos estes podem sofrer influências diretas ou indiretas das organizações criminosas que desenvolvem algum tipo de relação na região. São tais relações que, costuradas ou amarradas, produzem uma geografia das redes do tráfico de drogas sobre a região.

A Amazônia é lugar central para múltiplas relações que são estabelecidas a partir do mercado regional/global do tráfico de drogas e armas e, por essa posição, precisa ser vista a partir de um contexto mais amplo sobre formas de ocupação e uso do seu território pelas redes organizadas de criminalidade e ilicitudes que nela operam. Assim, de modo breve, vale destacar que, por exemplo, o rio Amazonas é um grande corredor para a fluidez da droga (em especial cocaína e skank) entre polos produtores e consumidores, sejam eles nacionais ou transnacionais. Ele se conecta a outros rios promovendo uma ampla integração fluvial, como a que se conecta ao rio Solimões e serve para escoar drogas por rotas que partem do Peru, mais especificamente utilizando o rio Javari e o rio Içá, mas também integrando a Colômbia por meio das cidades gêmeas de Letícia (Colômbia) e Tabatinga (Amazonas). Essa rota sobe o rio, passa pelas cidades de Tefé e Fonte Boa e segue em direção a Manaus, integrando-se ao rio Amazonas. Também há a interação que se dá pelo rio Purus, atravessando o estado do Acre, conectando-se ao Peru e à Bolívia por meio da cidade de Assis Brasil e seguindo em direção a Manaus. Já o rio Madeira atravessa Rondônia conectando-se à Bolívia por meio da cidade de Guajará Mirim e pelo rio Abunã chega até a cidade de La Paz.

Neste livro, busca-se de forma didática transcrever analiticamente essas relações que aparecem divididas em três capítulos. No primeiro capítulo, procura-se contextualizar a discussão sobre a Geopolítica do narcotráfico, destacando-o enquanto um problema de pesquisa abordado por vários estudiosos, além disso, analisa-se as redes geográficas tendo as cidades como *nós* dessas redes, em que o narcotráfico, por meio da violência, institui suas relações de poder. No segundo capítulo, é realizada uma discussão acerca das fronteiras na Amazônia, apresentando algumas definições sobre essa categoria e as relações que instituem redes transfronteiriças com destaque para apreensões de drogas ilícitas na região que apontam para importantes vias de circulação da droga. Finalmente no terceiro capítulo, apresentam-se ao leitor as cartografias e a estrutura espacial do narcotráfico na Amazônia, bem como há uma breve análise sobre a região no contexto das redes, com destaque para a presença das facções criminosas nos estados da região.

Espera-se que as reflexões que estão neste pequeno livro sirvam para chamar a atenção sobre problemas estruturais e conjunturais que a região amazônica enfrenta há bastante tempo. Como já enfatizado, não se propõe aqui uma construção teórica ou uma filosofia crítica que lhes apresentem novas formas de enxergar os conflitos na Amazônia a partir do narcotráfico, suas organizações criminosas e a Geopolítica. Mas deseja-se que uma boa leitura crítica e construtiva sobre o tema em questão possa nos trazer grandes debates e escritos que nos ajudem a compreender melhor o funcionamento das estruturas políticas, econômicas e sociais das organizações criminosas na região amazônica.

GEOPOLÍTICA DO NARCOTRÁFICO

Este capítulo faz análise que descreve sistematicamente a formação e funcionamento das redes do narcotráfico e sua geografia que não deixa de ser estratégica e política, pois nesse contexto as cidades da Amazônia tornam-se nós de uma rede de poder que estabelece relações transfronteiriças alimentadas pelas facções do crime organizado. É dessa forma que a geopolítica do narcotráfico aparece neste debate, ou seja, de forma prática e impositiva, portanto, trata-se das ações que constroem uma dinâmica complexa e diversa do narcotráfico na Amazônia.

1.1 O narcotráfico enquanto problemática de pesquisa

É importante iniciar o debate com uma breve, mas importante, explanação acerca de significativos trabalhos que buscaram no tema do narcotráfico um objeto de investigação científica. Foram estudos que consideraram as implicações políticas, econômicas e sociais que são causadas por essa atividade. Desse modo, nesse primeiro momento, apresento aos leitores uma breve revisão da literatura como indicativo desses trabalhos que aqui são considerados relevantes. Destaco que os circuitos espaciais do narcotráfico são estruturados a partir dos grandes mercados globais que impõem estratégias de desarticulação dos mecanismos de proteção e de defesa dos Estados nacionais, "fragilizando" as fronteiras e territorializando-se nas cidades.

É com essa ideia que aqui acredita-se ser o narcotráfico um dos temas mais relevantes para se pensar as agendas de políticas e a agenda de segurança pública. Para os amazônidas, a relevância do tema está relacionada ao cenário atual, em que enfrenta-se o avanço das facções criminosas e as redes do narcotráfico em cidades da região, nas zonas camponesas, nos territórios indígenas e em comunidades quilombolas e ribeirinhas, ainda mais quando busca-se compreender o funcionamento das estruturas de poder que são criadas por essas redes criminosas que não estão limitadas apenas ao tráfico de drogas.

Como um debate introdutório, destacam-se os trabalhos de alguns autores sobre o tema e que soam como investigações pertinentes, como as obras de autores estrangeiros: Arlacchi (1986), Ehrenfeld (1990), South (1998), Kopp (1999), Zaitch (2002), Chabat (2009), Fabre (2013), todos eles com importantes contribuições acerca do objeto que se propuseram a investigar.

Arlacchi (1986) desenvolveu um quadro teórico em que estudou as forças que configuraram a máfia moderna no Sul da Itália, a partir de suas raízes nos sistemas sociais e econômicos tradicionais e que passaram por reconfigurações no período pós-segunda Guerra Mundial. Para ele, a partir dos anos de 1970, há um desenvolvimento do empreendedorismo mafioso em função do tráfico de drogas que passa a dar subsídios para os mecanismos de corrupção, intimidação e assassinato de funcionários públicos, o que, de certa forma, deu contribuição para a sua autonomia política.

A análise de relatórios, documentos oficiais e jornais contribuíram para que esse autor concluísse que, embora o funcionamento da empresa de tráfico de drogas seja semelhante aos das empresas capitalistas, a máfia ainda mantém modos operatórios primitivos. Sobretudo considerando as guerras interfamiliares e a concorrência nos mercados que leva a conflitos sangrentos.

Ehrenfeld (1990) concentrou seus esforços na análise envolvendo a parceria entre organizações de tráfico de drogas, grupos terroristas internacionais e Estados, incluindo Bulgária, Cuba, Líbano, Colômbia, Peru e Bolívia, que utilizam estratégias marxistas-leninistas em busca da subversão de governos democráticos legítimos.

A metodologia de pesquisa que esse autor realizou, buscou dados na análise de documentos públicos oficiais, concluindo que o narcoterrorismo se manifesta de forma diferente do terrorismo internacional, pois une os aspectos comerciais do narcotráfico com os elementos ideológicos da violência terrorista. Para Ehrenfeld (1990), evidências apontam para o envolvimento da União das Repúblicas Socialistas Soviéticas (URSS) na promoção do narcoterrorismo como uma forma de conduzir as atividades secretas no Ocidente.

Já South (1998), em seus estudos, analisa a relação entre drogas e sociedade, nos quais discute sobre o processo de normalização em andamento, fazendo o debate proibição versus liberalização. Kopp (1999) analisa as políticas públicas de diversos países que tiveram como objetivo ter o controle do consumo de drogas ilícitas. Esse autor parte de uma análise afirmando que é possível definir uma política antidrogas a partir da lógica econômica.

Outra pesquisa que merece ser citada é a de Zaitch (2002), que durante cinco anos desenvolveu trabalhos de campo etnográficos, com narcotraficantes colombianos na Holanda e na Colômbia, em que descobriu como funciona o mundo social dos traficantes de drogas, como e porque eles se envolvem em atividades ilegais, a natureza de seu trabalho, e como eles estão organizados. Tal obra é utilizada por estudiosos do crime organizado e em debates sobre a relação entre imigração de latinos e o negócio da cocaína.

Além desses estudos, chamo a atenção para as pesquisas de Rengert, Ratclife e Chakravorty (2005), nas quais desenvolvem um diagnóstico sobre o narcotráfico nos EUA. Eles reforçam a ideia de que a guerra contra as drogas tem sido ineficaz e de forma detalhada fazem análises econômicas e geográficas dos fatores que tornam locais atraentes para o mercado das drogas. Eles concluem que os policiais que patrulham diariamente as cidades no interior do país têm uma posição privilegiada para determinar quais são os problemas de um determinado local.

Chabat (2009) investigou as causas dos conflitos entre o México e os EUA em torno do narcotráfico, a fim de encontrar um padrão recorrente. O autor revela que, na maioria dos casos, o conflito foi provocado pela corrupção, a qual envolve o governo mexicano e a desconfiança das autoridades americanas, o que, de certa forma, complicou os esforços de colaboração entre os dois países no combate ao narcotráfico.

Fabre (2013) destaca que o tráfico de drogas é a parte mais visível dos lucros do crime organizado e tem se expandido desde o final da Guerra Fria. O autor também ressalta que a história mostra o impacto do tráfico de drogas na colonização do continente asiático, onde a nova ordem mundial reproduz elementos do passado, com novas possibilidades para o narcotráfico em função do processo de globalização, a exemplo do que vem ocorrendo na China, destacando também a impunidade em relação à lavagem de dinheiro.

O autor apresenta também uma nova interpretação acerca da crise financeira pós-Guerra Fria, explanando sobre a dimensão inexplorada dos atores ilícitos e tratando da crise do México de 1994, relacionando-a com o efeito *cocaína* a partir da lavagem local dos lucros no comércio com os EUA. Além disso, ele trata, do mesmo modo, a crise japonesa dos anos de 1990, na qual há uma relação entre a influência econômica da Yakuza e a bolha imobiliária, que contribuiu para adiar os ajustes necessários do mercado.

Por fim, Fabre (2013) analisa a crise tailandesa de 1997, a partir da política de *branqueamento* de capitas[1], a qual, nesse momento, correspondia a 10% do Produto Interno Bruto (PIB) do país.

Também ressalta-se a importância de pesquisas realizadas aqui no Brasil, tais como as de Misse (1999, 2006), Souza (1995, 2005, 2008), Zaluar (1995, 1996, 1997, 2004), Rodrigues (2004), Morais (2005) e Couto (2014). De modo geral, os resultados das observações que eles desenvolveram buscaram analisar os impactos sociais, políticos e econômicos do narcotráfico nas metrópoles brasileiras.

Michel Misse (1999) buscou compreender o que ele denominou de *acumulação social da violência*, tendo como recorte espacial a cidade do Rio de Janeiro. Para ele, esse processo se dá em torno da constituição de um fantasma social, o qual interliga pobreza urbana, desnormalização e criminalidade. O autor propõe uma perspectiva analítica para a compreensão do ciclo mais recente da acumulação da violência, a partir da hipótese de que um dos principais fatores do incremento dos recursos à violência nas práticas criminais é a sobreposição dos mercados ilícitos, ou seja, a do mercado de drogas e de mercadoria política.

Souza (1995, 2005, 2008) analisou o tráfico de drogas e as escalas supralocais, organizações, redes e o *subsistema I-E-A* (importação, exportação e atacado), a partir das cidades de São Paulo, Rio de Janeiro e Recife. O autor já havia realizado uma síntese que tratou sobre o tema do tráfico de drogas, partindo da definição do conceito de território, trata-se de um texto em forma de capítulo de livro e que foi publicado em 1995 no livro *Geografia: conceitos e temas*. Ele também abordou sobre o medo generalizado e a militarização da questão urbana na cidade do Rio de Janeiro, utilizando o termo *Fobópole*[2] para tratar da violência urbana e dos conflitos armados que envolviam policiais e traficantes durante o processo de pacificação de favelas, tornando o medo difuso sobre a metrópole carioca.

Por outro lado, Zaluar (1995, 1996, 1997, 2004) realizou estudos antropológicos que partiram de uma abordagem a partir do interior das favelas. A autora foi capaz de interpretar o cotidiano dos moradores das comunidades e a relação deles com o tráfico de drogas. Ela investigou,

---

[1] O branqueamento de capitais é o processo pelo qual os autores de atividades criminosas encobrem a proveniência dos bens e rendimentos (vantagens) obtidos ilicitamente, transformando a liquidez decorrente dessas atividades em capitais reutilizáveis legalmente, por dissimulação da origem ou do verdadeiro proprietário dos fundos.

[2] O termo foi utilizado para fazer referências ao medo que se difundia na metrópole do Rio de Janeiro durante o perídio de intervenção nas favelas por parte da polícia e do exército. Essas intervenções diziam respeito à instalação das Unidades de Polícia Pacificadoras.

também, a participação de jovens na organização interna dos comandos, identificando as posições estratégicas utilizadas por eles diante dessa atividade (vapores, olheiros, fogueteiros, soldados etc.), definida por ela como integração perversa[3].

No contexto da violência urbana, são cada vez mais comuns problemas que resultaram de tal processo, como o aumento dos homicídios, sequestros, atentados, assaltos e roubos. De certa forma, eles têm algum tipo de relação com o crime organizado e, direta ou indiretamente, com o narcotráfico. Em destaque podem-se colocar as características do crime organizado: ilegalidade, formação de redes, a movimentação de grandes somas de dinheiro, a corrupção de policiais e políticos e a cooptação de pessoas.

É o "crime negócio", como bem apontou Alba Zaluar (1999, p. 67). Esta autora considera o crime organizado como um novo tipo de crime relacionado ao contrabando de armas e de drogas, redes de escambo entre mercadorias roubadas e o tráfico de drogas. Além disso, baseado na lógica da acumulação capitalista, recruta jovens pobres para trabalhar nesse negócio, o qual é altamente lucrativo e mundialmente importante — em termos financeiros — devido a grandes somas de dinheiro envolvido.

O sociólogo Manuel Castells (1996) destaca que, nas últimas décadas, as organizações criminosas vêm estabelecendo cada vez mais operações transnacionais, aproveitando-se da globalização econômica e de novas tecnologias de comunicação e transportes. Para esse autor, a estratégia utilizada consiste em instalar suas funções de gerenciamento e produção em áreas de baixo risco, as quais detêm relativo controle do meio institucional, sendo assim, volta-se a atenção às áreas com demanda mais afluente, de modo que possam cobrar preços mais elevados.

O narcotráfico apresenta-se enquanto um fenômeno bastante complexo e de difícil monitoramento, por isso, Santana (1999, p. 101) o define como uma "empresa transnacional dedicada ao tráfico de drogas ilegais que não paga impostos e gera os maiores lucros". São justamente esses lucros que tornam a economia do narcotráfico altamente competitiva dentro de esquemas envolvendo lavagem de dinheiro, por exemplo.

Sendo assim, ao expandir seus interesses econômicos e políticos, os grupos desenvolvem-se e tornam-se mais ramificados, aumentando o próprio mercado e o número de aliados. Engajam-se normalmente em

---

[3] A integração perversa corresponde às formas de inserção de jovens nas redes do tráfico de drogas. Em trabalhos que eu desenvolvi em 2009, busquei associar essa integração com o processo de territorialização por parte do tráfico de drogas, nomeando de territorialização perversa.

outras atividades criminosas, tais como o tráfico de pessoas e de órgãos, assassinatos, sequestros, a fim de preservar a própria segurança e a de seus negócios. Esse desenvolvimento faz dos grupos verdadeiras empresas de crime organizado, que possuem agendas políticas e econômicas próprias (MANWARING, 2007).

Para Calderón (2014), o continente latino-americano está imerso em um contexto internacional que favoreceu um tipo de conflito não tradicional, fazendo com que a América Latina recebesse o impacto de ameaças em relação à segurança. Em particular, a região é fortemente afetada pelo tráfico de drogas que se espalhou pela virulência acentuada desde o início dos anos de 1990, concomitantemente com a expansão da globalização, aumentando o alcance e a importância das redes de tráfico.

A acumulação de capital ou geração de riquezas em virtudes do *negócio* ilícito das drogas estabelece um conjunto de possibilidades que desafiam a integridade territorial e política dos países latino-americanos que enfrentam essa problemática. Em relação ao papel que o Brasil exerce diante do contexto do narcotráfico internacional e aos impactos desse processo em território brasileiro, Procópio Filho e Vaz (1997) destacam três fatores básicos necessários para o Brasil atentar-se em relação às dimensões dos problemas relacionados ao narcotráfico.

O primeiro conceito aborda a relevância política e econômica que o tema assumiu no cenário internacional e regional. As drogas, ao afetarem todos os países e projetarem-se no território brasileiro, levam importantes parceiros, particularmente os Estados Unidos e a União Europeia, a desenvolverem políticas que, tanto o governo como diferentes segmentos da sociedade brasileira, incitaram um posicionamento.

Já no segundo, para os autores, o narcotráfico associou-se e pôde nutrir--se das mudanças e dos problemas que acometem a sociedade brasileira, como o enfraquecimento do Estado, o aumento do desemprego, do subemprego como incremento e diversificação da economia informal em todo o país. Vale ressaltar que há uma deterioração da condição econômica e social da população, como a marginalização crescente de segmentos sociais no processo de desenvolvimento e o intenso crescimento dos centros urbanos, os quais são processos que se atrelam às drogas e aos elevados índices de criminalidade.

Por último, os estudiosos afirmam que há a incorporação de camadas populares no mundo do consumo de drogas, principalmente reservado às pessoas de classes média e alta. Sem esquecer que há o deslocamento do narcotráfico para as cidades de médio porte no interior dos estados do Sudeste e do Centro-Sul do país. Neste trabalho, é pertinente também o relato de fatos que testemunham a incapacidade ou inoperância do próprio Estado no cumprimento da maioria das suas funções básicas em matéria de prevenção e repressão, permitindo o alastramento da corrupção, disseminada nas esferas pública e privada.

> Por outro lado, assim como o processo produtivo em que empreendimentos lícitos estão inseridos, a mercadoria comercializada no tráfico ilegal de drogas também atravessa diversas fases de produção e, além disso, o próprio mercado como um todo está sujeito às dinâmicas políticas e econômicas do cenário internacional e baseado na lógica da oferta e da demanda. Dessa forma, com a intensificação dos fluxos de bens de consumo, de pessoas e de capital acarretada pela globalização, principalmente a partir da década de 1970, o tráfico internacional de drogas, seguindo a ordem política e econômica vigente, também se globalizou. (PROCÓPIO FILHO; VAZ, 1997, p. 99).

Sabe-se que os efeitos *perversos* da globalização do narcotráfico legitimam uma ordem imposta que fragiliza as estruturas governamentais dos Estados.

> Nas fontes do crime global, existem organizações enraizadas nacional, regional e etnicamente, a maioria ostentando uma longa história, relacionada à cultura de países e regiões específicas, com sua ideologia, códigos de honra e mecanismos de filiação e comprometimento. Tais organizações solidamente fundadas na cultura do país não desaparecem nas novas redes globais. Ao contrário, a formação de redes em escala global permite que as organizações criminosas tradicionais sobrevivam e prosperem, à medida que escapam aos controles de um determinado Estado em momentos difíceis [...]. (CASTELLS, 1996, p. 206).

Isso ocorreu em países da América Latina, a exemplo da Comunidade Andina, em especial, Bolívia, Colômbia e Peru, locais onde as economias estão fortemente misturadas à economia do narcotráfico, uma vez que os cartéis do tráfico de drogas se fortaleceram em momentos de crises econômicas vivenciadas por esses países, estabelecendo, então, fortes relações institucionais com os governos. Ainda que esteja ocorrendo o enfraquecimento dos grupos, é impossível, por enquanto, desvincular a economia desses países ao mercado ilícito das drogas. O maior exemplo trata-se da Colômbia, onde a máfia é fortemente vinculada aos cartéis de droga. Esses cartéis promovem operações em muitos países e possuem organizações que lidam com os aspectos políticos, militares e jurídicos dos cartéis; os mais importantes são o Cartel de Cali, Medellín e o Norte Del Valle.

Existem outros exemplos dessas organizações mafiosas, que surgiram e se fortaleceram diante dos olhos dos Estados, como a Yakuza (Japão), na qual seus membros estão envolvidos em esquemas de proteção forçada, importação ilegal de pornografia sem censura da Europa e dos Estados Unidos da América (EUA), casas de prostituição e imigração clandestinas. Ou, ainda, a Tríade (China), que incide de muitas organizações criminosas que têm bases na China, Malásia, Hong Kong, Taiwan, Cingapura, dentre outros. Esse grupo possui atuação também em cidades norte-americanas como Nova Iorque e Los Angeles, praticando crimes como roubos, assassinatos por encomendas, tráfico de drogas, falsificação de moeda e pirataria.

Castells (1996), no livro *O Poder da Identidade*, é bastante enfático ao afirmar que em todos os países e todas as regiões, as quadrilhas e redes de quadrilhas estão agora cientes da chance de se conectarem a redes mais amplas de atividades nesse submundo que marca presença dominante em muitas comunidades, cidades e regiões, sendo capazes até mesmo de adquirir a maior parte dos bens de alguns países pequenos, tais como a ilha de Aruba, próximo à costa da Venezuela.

Para Santana (1999, p. 101),

> O primeiro aspecto global do narcotráfico é a distribuição territorial de suas atividades. Enquanto o cultivo e a colheita das plantas utilizadas como matéria-prima ocorrem em alguns países latino-americanos e asiáticos, as rotas destinadas ao transporte das drogas envolvem outros países e o consumo do produto em si se dá em um terceiro território. O tráfico internacional de drogas se mostra estreitamente alinhado ao sistema capitalista global, uma vez que adota a atual Divisão Internacional do Trabalho.

O narcotráfico deve ser considerado uma ameaça transnacional à segurança dos territórios dos países que conectam as ações geoestratégicas dos grupos criminosos, que ao imporem estratégias de materialização das redes ilegais, criam territórios organizados por uma economia do crime. Santana (1999) aponta para o fato de que o principal mercado consumidor para a droga latino-americana são os EUA e, em menor escala, a Europa[4]. Contudo, o narcotráfico não abarca apenas o país fornecedor e o consumidor. Por se tratar de uma atividade ilegal, busca, na verdade, uma diversidade de rotas para que as drogas cheguem ao destino esperado. Com isso, países vizinhos dos produtores e consumidores são inseridos nessa dinâmica, seja na produção da droga, seja em seu tráfico.

A inserção de países e a seleção de mão de obra são essenciais para que a droga obtenha o seu destino final. No caso da América, ressalta-se que o destaque maior está para a produção de cocaína, visto que os maiores produtores de coca estão localizados na América do Sul, nos países andinos. Por causa disso, surgiu a necessidade em tornar determinados lugares bases ou *nós* da trama das redes ilegais do tráfico internacional de drogas.

Assim, Castells (1996, p. 210) fala que:

> A partir dessas bases locais, nacionais e étnicas, fundadas na identidade e baseada em relacionamentos interpessoais de confiança/desconfiança (que se impõe, naturalmente, por força de metralhadoras), as organizações criminosas atuam em uma ampla gama de atividades. O tráfico de drogas é o principal negócio, a ponto de se concluir que a questão da legalização talvez seja a maior ameaça que o crime organizado tenha de enfrentar. Mas elas podem confiar na falta de visão política e na moralidade distorcida de sociedades que não se permitem ao âmago da questão: a procura rege a oferta.

Santana (1999, p. 102-103) ainda destaca que:

> Outro fator que contribui para a globalização do problema do tráfico ilegal de drogas é a tecnologia. Os avanços tecnológicos do sistema capitalista global, por tornarem cada vez mais fácil a projeção de novas drogas e o acesso à informação por meio da internet, auxiliam o desenvolvimento desta empresa ilícita.

As bases locais são importantes para que toda essa relação consiga fazer com que o comércio de entorpecentes seja realizado e o avanço tecnológico apresente os instrumentos que deem suporte a toda estrutura organizacional dos mecanismos de funcionamento das redes ilegais.

Podemos então afirmar que o narcotráfico apresenta riscos de diversas naturezas para a soberania dos Estados nacionais, especialmente nos países da América. Ele é um risco em potencial para a ordem jurídica, política e

---

[4] Os estudos do Escritório das Nações Unidas Sobre Crimes Globais (UNODC) vêm apontando o Brasil como o segundo maior mercado consumidor de cocaína do mudo, ou seja, ultrapassando a Europa.

social desses países; sobretudo, em função de os maiores produtores de cocaína (países andinos) e o maior mercado consumidor dessa droga (EUA) estarem localizados nesse continente.

Com isso, os respectivos governos enfrentam a ameaça interna e transnacional dos grandes cartéis responsáveis pela produção, distribuição e territorialização do narcotráfico. O objetivo dos cartéis de cocaína é extrair lucro das transações comerciais que envolvam o tráfico de drogas e a expansão do comércio global de entorpecentes, que permitiu com que, ao longo do tempo, os cartéis fossem fortalecidos, estendendo relações para outros territórios.

Para Haesbaert e Porto-Gonçalves (2005, p. 60):

> Ainda que a ligação entre agravamento das condições sociais e aumento dos circuitos econômicos ilegais não deva ser hipostasiada, essas redes de comércio e de poder funcionam também como espécies de válvulas de escape diante do crescente desemprego e da precarização do trabalho, e encontram-se plenamente associadas à expansão do capital financeiro globalizado. Economia desregulamentada, "Estado mínimo", precarização crescente do emprego, endividamento e especulação financeira generalizados formam um campo fértil para a proliferação de redes ilegais de economia e de poder.

Pode-se buscar compreender o crescimento do narcotráfico internacional pelo viés da globalização-fragmentação, pois muitas áreas geográficas que estão precárias em função da perversidade sistêmica da internacionalização do sistema capitalista apresentam potencial de materialização da economia do crime.

> Embora muito antigo em termos históricos, o tráfico de drogas mobiliza hoje um contingente de pessoas e um montante de recursos inéditos há história. Não há país na face da Terra que não esteja, de uma forma ou de outra, articulando na sua teia de poder. As facilidades de deslocamento e transporte no atual período técnico-científico promoveram um incremento substancial nas atividades do chamado "narcotráfico" e sua globalização. (HAESBAERT; PORTO-GONÇALVES, 2005, p. 63).

A estrutura organizacional do narcotráfico, ao vincular-se às estruturas formais da economia global e à estrutura institucional do Estado, acaba passando despercebida, e como já foi ressaltado, torna-se um "inimigo invisível". Com a globalização, segundo Castells (1999), simultaneamente, as atividades criminosas e organizações ao estilo da máfia de todo o mundo também se tornaram globais e informacionais, propiciando os meios para o encorajamento de hiperatividade mental e desejo proibido, juntamente com toda e qualquer forma de negócio ilícito procurado pelas sociedades de armas sofisticadas à carne humana.

Sobre as regiões *excluídas*, Haesbaert e Gonçalves (2005) expõem que são justamente algumas áreas mais *excluídas*— nesse caso, aparentemente excluídas — dos circuitos da globalização que usufruem de melhores condições para a produção da droga. Esse cenário é propiciado pela mão de obra extremamente barata e vulnerável, facilidade de controle (pela presença fraca do Estado ou em função de Estados corruptos) e condições físicas adequadas.

Em regiões de favelas, periferias inchadas das grandes metrópoles, ou ainda em áreas geográficas que apresentem milhares de camponeses pobres, o crime organizado encontra um terreno bastante fértil, sobretudo para a obtenção de mão de obra barata e descartável. O recrutamento obedece ao esquema da divisão técnica e social do trabalho, o qual vai desde o plantador de coca até o atravessador, passando pelos beneficiadores nos laboratórios e soldados do tráfico.

Rodrigues (2004), ao pesquisar sobre o narcotráfico, teve como objetivo tratar das principais questões que são apontadas sobre o tema nas políticas internacionais de proibição às drogas. Nesse sentido, ele faz uma análise do narcotráfico no mundo e a política de proibição, dando maior destaque para a região latino-americana. O autor, do mesmo modo, enfatizou a formulação da doutrina da *guerra às drogas* idealizada pelos EUA e as formas de operação das organizações criminosas da Bolívia, Brasil e Colômbia.

Sobre a produção, para Arbex Junior (2005, p. 24), "em termos bem amplos, por exemplo, a produção de cocaína é principalmente na Amazônia (Colômbia, Bolívia e Peru), a de ópio e derivados na Ásia central (Afeganistão) e as drogas sintéticas nos Estados Unidos e na Europa". É dessa forma que se encontra a divisão internacional do trabalho em relação ao tráfico de drogas, destacando a importância da região amazônica para o narcotráfico de cocaína.

Miyamoto (2009) aponta a questão de que tráfico de drogas, certamente, tornou-se um dos maiores problemas para os países, não apenas consumidores, mas também aqueles considerados rotas e produtores. O comércio de drogas é visto como o segundo negócio mais rentável do mundo, depois da indústria de armamentos.

Na análise de Haesbaert e Porto-Gonçalves (2005), verifica-se, do ponto de vista econômico, que o espaço mundial é caracterizado por maior flexibilidade e certa horizontalidade nas relações entre empresas e regiões. Ao mesmo tempo, os processos de globalização, na fase atual de globalização neoliberal, acentuam brutalmente as desigualdades, a exclusão e/ou segregação socioespacial (com índices crescentes de desemprego) e a exploração (com intensificação do trabalho escravo, por exemplo). A onda de privatização neoliberal que hoje começa a ser contestada levou a uma mercantilização desenfreada que atinge os mais diferentes domínios da vida humana e inclui a expansão dos circuitos ilegais: tráficos de toda ordem que engloba o próprio tráfico de crianças e de órgãos.

Nos trabalhos de Arbéx Junior (2005), ele aponta para o fato de que os estudos apresentados por especialistas indicam que grupos mafiosos, tradicionalmente limitados às próprias regiões, começaram a se associar, provavelmente, no final dos anos de 1980, com o objetivo de estender sua influência internacional, acompanhando a globalização econômica. A conjuntura da globalização dos mercados, a maior fluidez dos capitais por meio da internacionalização do sistema financeiro, a aceleração dos meios de transportes e a revolução das telecomunicações desenharam uma realidade altamente propícia para o avanço acelerado do narcotráfico, atividade que apresenta extraordinários níveis de rentabilidade.

A estrutura do crime organizado passou a ter um caráter transnacional, ao passo que mecanismos de policiamento e repressão preservaram — e ainda preservam — um caráter nacional. Isso assegurou às organizações criminosas uma grande capacidade de burlar as leis criadas pelos Estados nacionais, relativamente morosas e muitas vezes limitadas por antigas convenções internacionais (ARBEX JUNIOR, 2005).

Segundo o Relatório Mundial Sobre Drogas de 2014, apresentado em Viena pelo Escritório das Nações Sobre Drogas e Crime (UNODC), aproximadamente 243 milhões de pessoas, o que corresponde a 5% da população mundial, com faixa etária de 15 a 64 anos de idade, já usaram algum tipo de droga ilícita em 2012. Ainda segundo a UNODC (2014), ocorreu uma queda na disponibilidade global de cocaína em função da queda de sua produção durante o período de 2007 a 2012. Entretanto, o uso de cocaína ainda permanece elevado na América do Norte, mesmo tendo diminuído desde 2006. Além disso, a UNODC ainda destacou o fato de que na América do Sul e na África tem aumentado o uso de cocaína devido à expansão do narcotráfico por esses continentes, assim como o aumento do poder de compra tornou alguns países asiáticos vulneráveis ao uso da droga.

A ameaça transnacional do tráfico de drogas é, sem dúvida, alguma espécie de *inimigo invisível* que coloca em risco a soberania dos Estados nacionais. A característica empreendedora dessa atividade econômica ilícita, ao se fortalecer, consegue ampliar sua escala de atuação em níveis locais, nacionais e internacionais. Nas palavras de Rodrigues (2012, p. 7), "a inquietação causada por essa prática proibida é intensa, porque ela é apresentada como um inimigo sem rosto, uma força potente e difusa difícil de ser localizada e que se oculta como um animal ardiloso".

O tema sobre soberania dos Estados nacionais e o narcotráfico vem, nas últimas décadas, tentando buscar esforços em prol da tentativa de acordos multilaterais que possam aparecer cada vez mais de forma significativa nas agendas políticas e reuniões de cúpulas dos Estados. Esse, portanto, é um tema cada vez mais requisitado, sobretudo em função de se enquadrar na categoria de *novas ameaças*[5] à segurança hemisférica.

Assim,

> Não é, todavia, tão fácil que os Estados americanos estabeleçam uma agenda comum de segurança para o Hemisfério, haja vista, que as agendas nacionais de segurança são diferentes entre si. Um dos pontos em comum a essas agendas é a defesa do direito soberano que os Estados possuem de definir suas prioridades de segurança e suas estratégias para enfrentá-las. (PAGLIARI, 2006, p. 31-32).

Ressalta-se que esse mecanismo de combate ao narcotráfico apresenta ressalvas em função da possibilidade de conflitos, no que diz respeito à própria soberania dos Estados nacionais. A política trata de um conjunto de países ou gestão compartilhada de conflitos, não obedecendo à ordem de apenas um país, encontrando-se aí uma questão política a ser resolvida que dificulta a execução dessa proposta. Outra ameaça à soberania dos Estados nacionais trata-se dos cartéis do tráfico de drogas, como já mencionado neste trabalho, pois esses grupos e seus atores sociais envolvidos nessa atividade ilegal objetivam o máximo possível de lucro, o que garante o crescimento e a expansão das atividades desenvolvidas pelos grupos, muitas vezes corrompendo as instituições legais do Estado.

---

[5] As novas ameaças foram definidas após o final da Guerra Fria (1945-1989), destacando-se então o terrorismo internacional, o tráfico de drogas e armas, a biopirataria e o contrabando, e o tráfico de pessoas e órgãos.

Destaca-se que:

> Como maiores produtores de coca, estão os países da América do Sul. A sua configuração administrativa e política e o favorecimento de oportunidades para investimentos em larga escala provindos de integrantes do mundo do crime organizado, componentes ativos da economia local, exercem marcante influência na estrutura do narcotráfico internacional. Nesse cenário, a Colômbia ocupa a posição de maior relevo em relação às organizações criminosas voltadas exatamente para o negócio das drogas, até mesmo pelo quase monopólio sustentado pelos seus cartéis, em toda a região do continente, sobre a produção e distribuição da droga. (FERRO, 2009, p. 541-542).

Souza (2005) chama a atenção para o fato de que a dinâmica econômica e sociopolítica de numerosas cidades brasileiras vem sendo influenciada crescentemente pela presença do tráfico. Este não é, por conseguinte, uma realidade meramente *marginal* e, portanto, não pode ser encarado como um tema *exótico*, pois se trata de algo cada vez mais *normal* e relevante, cujos efeitos se fazem sentir cotidianamente e nos mais diferentes setores da vida social, sobretudo nas metrópoles.

Como ressalta Morais (2006), o tráfico de drogas varejista que ocorre na maioria das cidades brasileiras e, mais notadamente, em sua periferia, reflete e reproduz práticas e ideologias da sociedade contemporânea e do sistema capitalista. Nesse sentido, é possível verificar que as relações entre a sociedade e essa atividade tida hodiernamente como ilícita são mais profundas.

Para Souza (2005), a vinculação com a economia ilegal ocorre sobre a base de uma racionalidade econômica, aplicada à luz da realidade social de um país marcado por uma proverbial desigualdade de oportunidades. Esse elo liga-se, notadamente, ao acesso a bons empregos no setor formal da economia e não por qualquer *desvio moral* ou *inclinação patológica do crime*.

Campos (2005, p. 85) enfatiza que

> [...] as favelas, sendo um dos pontos de maior importância no esquema de venda de drogas, se justificam amplamente à medida que, apesar de se constituir um ilícito penal, representa uma maior circulação de renda no interior dessa estrutura espacial.

Já Morais (2005), demonstrou em sua tese, a partir de uma análise empírica, que o fenômeno das *drogas* foi interpretado de forma equivocada pelo poder público desde a virada do século 19 para o século 20 no Brasil. Entretanto, essa concepção equivocada gerou políticas púbicas ineficientes e danosas e por isso o autor sugere medidas para o aperfeiçoamento da política pública brasileira para as drogas.

Ele chama a atenção para o fato de que:

> A "guerra às drogas" tem sido vitoriosa politicamente, tanto em termos de popularidade quanto de inserção em metas governamentais. No entanto, essa vitória não tem se convertido em benefícios práticos, como redução do número de prisões relativas às drogas, redução da violência relacionada ao tráfico, redução da disponibilidade de drogas, elevação do preço da droga e redução do consumo de drogas. Dado este fracasso, a legalização tem adquirido credibilidade intelectual e cognitiva, mas não o suficiente para se libertar dos riscos contidos em previsões do futuro. Ou seja, não se tem como garantir que o principal risco da legalização - a elevação do consumo - seria menos danoso do que os atuais problemas derivados da criminalização das drogas. (MORAIS, 2005, p. 253).

Tem-se uma necessidade urgente em se fazer um debate envolvendo o tema da legalização X criminalização das drogas como forma de se compreender os riscos do presente e do futuro e considerar o que seria mais proveitoso em termos de redução dos riscos.

Segundo Morais (2005), o uso e o tráfico de maconha e cocaína podem gerar problemas como vício, morte precoce, improdutividade e gastos hospitalares, e estão relacionadas a atividades criminais. Estes problemas assumem dimensões mais exaltadas quando a opinião pública e o Estado são mais intolerantes à diversidade de comportamentos e quando se ignora que o uso de drogas geralmente não suprime os constrangimentos sociais impostos aos membros das sociedades.

Contudo, a tese de Rocha (2012) analisa as trajetórias e contradições que determinam o cotidiano de adolescentes que são explorados como *mulas* na rota internacional do tráfico de drogas existente no estado do Paraná, região de fronteira entre Brasil e Paraguai. O relevante trabalho da autora mostra evidências de que as rodovias são utilizadas como rota para o tráfico de drogas internacional proveniente do Paraguai, que fornece 80% da maconha consumida no Brasil. Portanto, o estudo buscou entender o funcionamento do tráfico de drogas conhecido como *formiguinha* numa região de fronteira e como se dá a exploração da força de trabalho de adolescentes nessa atividade.

Rocha (2012) desenvolveu como metodologia a pesquisa documental em relatórios e matérias jornalísticas acerca da produção de maconha no Paraguai, da existência de rota de tráfico internacional no estado do Paraná e os indícios de que os grupos criminosos ocupam aquela região. A autora faz uma observação importante sobre o uso de fontes jornalísticas e sobre os relatórios da ONU, pois:

> [...] o uso de fontes jornalísticas pode trazer limitações e pouca confiabilidade, porém, na ausência de pesquisas acadêmicas que problematizam de forma direta a questão da rota de tráfico existente no Paraná, vimos a necessidade da utilização de notícias midiáticas como fontes primárias. Além dessas fontes buscamos em relatórios da *United Nations Office on Drugs and Crime* (UNODC), conhecido em português como Escritório das Nações Unidas sobre Drogas e Crime, que também é bem polêmico por conta do papel que os organismos da Organização das Nações Unidas desempenham na América Latina e no mundo, questão que problematizaremos no texto. De qualquer forma, os documentos mostram o potencial de produção de *cannabis* do Paraguai, confirmando que este país fornece de 60 a 80% da maconha utilizada no Brasil, sendo essa informação essencial para a compreensão do objeto de estudo. (ROCHA, 2012, p. 27-28).

A autora chama a atenção para uma questão importante, ou seja, a carência ou os poucos trabalhos produzidos sobre determinadas ações do narcotráfico que levam os pesquisadores desse tema a construírem uma metodologia que muitas vezes se torna referência para outros trabalhos. Porém, uma pesquisa desse porte deve buscar na pesquisa de campo os principais elementos empíricos que tornam o problema plausível de uma análise crítica e reflexiva.

No Brasil, torna-se necessária a preocupação com as implicações do narcotráfico sobre as instituições políticas, econômicas e sociais, visto que o Relatório do Escritório das UNODC (2013 e 2014) aponta para um crescimento do consumo de cocaína no país. De certa forma, essa situação é favorecida pela localização geográfica, pelo aumento do poder de consumo no país e pela conectividade existente entre organizações criminosas, como o Primeiro Comando da Capital (PCC) e o Comando Vermelho (CV) com cartéis colombianos, por exemplo.

Eles tornam-se, então, uma espécie de empresa multinacional do tráfico de drogas, com mecanismos e estruturas de poder bem consolidadas e com atores que exercem funções bem definidas e espaços de atuação delimitados, obedecendo aos comandos hierárquicos. O nível de integração de um cartel pode se tornar uma ameaça à soberania dos Estados, sobretudo quando o seu nível de organização passa a controlar territórios fragmentados, ou com a presença precária do Estado quando essas áreas são apoderadas pelas organizações criminosas.

O narcotráfico torna-se, nesse sentido, um elemento fortalecedor desses grupos, pois quanto mais eles se fortalecerem economicamente, maior será a sua capacidade em adquirir influência sobre as questões políticas e econômicas dos países. Além disso, sua capacidade organizacional em redes aparentemente descontínuas torna-se uma verdadeira ameaça à capacidade de regulação e controle por parte do Estado-nação.

A geopolítica do narcotráfico nas Américas ocorre pela relação que envolve o Sul produtor e o Norte consumidor, embora nos últimos anos venha aumentando o consumo nos países sul-americanos. O narcotráfico no continente baseia-se em três tipos de drogas, comercializadas não apenas na região, mas no mundo: cocaína, maconha e opioides. Assim, todo o continente está, de certa forma, à mercê dos feitos das redes ilegais, com maior ou menor nível de organização.

O continente latino-americano está imerso em um contexto internacional que favoreceu um tipo de conflito não tradicional, e a América Latina recebe o impacto de várias ameaças de segurança. Em particular, a região é fortemente afetada pelo tráfico de drogas, que se espalhou para a virulência acentuada desde o início dos anos de 1990, concomitantemente com a expansão da globalização, que aumentou o alcance e a importância das redes de tráfico (CALDERÓN, 2014).

Dessa forma, a acumulação de capital ou geração de riquezas em virtude do *negócio* ilícito das drogas estabelece um conjunto de possibilidades de investimentos que geram mais riquezas, desafiando a integridade territorial e a política interna dos países latino-americanos que têm o narcotráfico enquanto problema doméstico, pois não se trata de um problema local ou regional, trata-se de um problema que transcende as fronteiras, sendo, portanto, um desafio global.

A coca, enviada primariamente para cerca de dez milhões de consumidores norte-americanos e europeus, continua a provir exclusivamente dos Andes. Especificamente, a produção da folha dividia-se, em 2007, entre Colômbia (55% da área cultivada), Peru (30%) e Bolívia (16%) (UNODC, 2008, p. 7). Embora esses países detenham, de fato, um monopólio virtual do cultivo de coca, os governos de países da região, como Equador e Venezuela, relataram a ocorrência de plantio em pequena escala em seus territórios (UNODC, 2012). Esses dados apresentam o papel crucial dos países andinos na produção da coca, o que justifica a preocupação dos EUA no combate ao narcotráfico em outros territórios, a exemplo do Plano Colômbia (1996), visto que o grande mercado consumidor norte-americano se tornou alvo de cobiça dos grandes cartéis do tráfico de drogas.

Alguns estudos foram realizados em relação ao narcotráfico na Amazônia, como os trabalhos de Machado (1996, 1998, 2000), Procópio Filho (1997) e Couto (2014), dentre outros que já apontavam para uma reflexão sobre o papel do Brasil no contexto do narcotráfico. Considerado como uma área de trânsito da cocaína de origem Andina em direção aos mercados europeus e africanos, hoje também chama a atenção para o fato de que se apresenta enquanto um mercado consumidor em potencial, o que reflete em ações de facções ou comandos[6] que se territorializaram nas metrópoles brasileiras.

É preciso considerar a presença cada vez maior do crime organizado no Brasil. Relatórios da UNODC (2011, 2012, 2013) apontaram para o crescimento do mercado interno no país e isso justifica a necessidade de fortalecer a organização do tráfico de drogas internamente e suas conexões globais. Tal fato, por outro lado, força o Estado a realizar mudanças nas políticas de combate ao crime organizado.

> A conjunção destes fatores continua a gerar condições propícias para a expansão do narcotráfico, fazendo com que o País deixe de ser apenas uma rota privilegiada do narcotráfico internacional, tal como tradicionalmente se fez acreditar. O Brasil processa, importa e exporta vários tipos de drogas. Tornou-se importante centro de produção e de consumo, além de fornecer novas drogas alternativas para os mercados interno e externo e de se ter constituído em mais uma peça da engenharia do crime do narcotráfico internacional. Assim, rapidamente cresce a importância do País no comércio internacional de drogas. Aumentam então, no cenário mundial, as expectativas quanto ao seu papel no enfrentamento do mesmo. (PROCÓPIO FILHO; VAZ, 1997, p. 76).

---

[6] São exemplos de comandos ou facções criminosas que hoje estão territorializadas em cidades brasileiras, inclusive com poder de comando nos presídios, facções como: Comando Vermelho do Rio de Janeiro, Primeiro Comando da Capital de São Paulo e Primeiro Comando do Norte do Amazonas.

Talvez a maior dificuldade brasileira no combate ao tráfico de drogas esteja na dimensão territorial de sua extensa fronteira. Somado a isso, está a localização privilegiada do país para os narcotraficantes, que se encontra próxima aos principais produtores de coca, além da posição geográfica estabelecer a área de trânsito praticamente obrigatória para a distribuição de cocaína em direção à Europa e África. O Brasil também se caracteriza enquanto um território de refúgio para traficantes em fuga de países vizinhos, fornecendo os principais materiais químicos para o beneficiamento de pasta de base.

Destaca-se que no Brasil, no que diz respeito ao mercado consumidor da droga, consome-se a maconha produzida no Paraguai, cocaína oriunda do Peru e Bolívia e skank de origem colombiana. Essas drogas entram no território sendo transportadas por pequenos aviões, caminhões, carros, por pequenas e grandes embarcações. Ressalta-se que ocorre a produção interna de maconha, sobretudo a cultivada na região Nordeste, mas com crescente participação do estado do Pará na região amazônica. Com isso, o Brasil se apresenta como uma peça estratégica para a transnacionalização da economia do narcotráfico.

É importante compreender a organização espacial e territorial do narcotráfico no Brasil e os mecanismos e estratégias de conexão com o circuito da produção, distribuição e consumo do mercado de drogas ilícitas que sustentam as redes e os cartéis do crime organizado, atuantes em diversas escalas. A tentativa de compreensão desse processo passa pela análise do contexto da região amazônica, ou seja, a estrutura organizacional do tráfico de drogas na região se apropria de características peculiares que lhe são concedidas.

A região amazônica, sobretudo a brasileira, enfrenta um grave problema no que diz respeito às atividades ilícitas. O território é *bombardeado* pelas redes do narcotráfico, ligadas às organizações criminosas situadas nos países andinos, ou seja, nos maiores produtores de cocaína do mundo (Bolívia, Colômbia e Peru). Essa *invasão* desafia os limites da fronteira brasileira e deixa como resultado um impacto negativo no território, tendo forte influência na política, na economia e na cultura do país. Nesse contexto, a região vive uma situação extremamente complexa, constituída de redes de relações, conflitos e sinergias entre atores locais, nacionais e internacionais que vão para além das fronteiras, envolvendo grandes empresas estatais e privadas (tanto nacionais quanto internacionais), com forte presença do governo federal se comparado aos governos municipal e estadual (MACHADO, 2002).

O tráfico de drogas se apresenta como um dos principais problemas da Amazônia da Colômbia, Bolívia e Peru, sendo também um problema da Amazônia de países como a Venezuela, Equador e, principalmente, da Amazônia brasileira. O Brasil e a região exercem um papel importante para o circuito global das redes, sobretudo na faixa de fronteira com os países andinos (Peru, Bolívia e Colômbia) que se destacam enquanto corredor de entrada dos fluxos de drogas ilícitas.

Com isso, estabelece-se um novo cenário de conflitos na região e de preocupação do governo brasileiro. Assim, a questão surge como um objeto de preocupação do Estado em relação à defesa do território. São novas dinâmicas territoriais em redes na Amazônia, espacialmente organizadas, que não respeitam os limites do território nacional e suas relações vão para além das fronteiras brasileiras.

O narcotráfico na Amazônia, neste início de século, destaca-se como uma das mais significativas e preocupantes ameaças à segurança nacional. Organizado em redes, ele cria estruturas de poder que conectam local e global nas relações transnacionais do comércio de drogas ilícitas, em que estas redes criam a todo o momento novas dinâmicas organizacionais, as quais surgem a partir de necessidades voltadas para ampliar as suas atividades operadas sobre e a partir dos territórios.

O mundo encontra-se organizado em subespaços articulados dentro de uma lógica global; já não podemos falar de circuitos regionais de produção. Com a crescente especialização regional, os inúmeros fluxos de todos os tipos de intensidades e direções são necessários para falar sobre os circuitos espaciais da produção. Essas seriam as diversas etapas pelas quais passaria um produto, desde o começo do processo de produção, até chegar ao consumo final (SANTOS, 1988).

Diante dessa lógica citada pelo autor anteriormente, entende-se que a Amazônia brasileira se torna importante para o tráfico internacional de drogas. Cidades da região são incorporadas pelas redes ilegais e passam a desempenhar a função de subespaços conectados a partir de estruturas espaciais que são territorializadas e que compõem toda a organização da economia do crime, desde os produtores/beneficiadores até os principais mercados. Esse mundo interconectado estabelece uma instantaneidade das informações e obedece a uma ordem global que se sobrepõe à ordem local, que não seria possível sem a existência das redes técnicas, as quais dão vida e sentido para a fluidez que o espaço geográfico adquire. A técnica se constitui enquanto um elemento importante para a escolha das cidades pelos narcotraficantes, pois garante os canais de comunicação que promovem toda a ordem ou desordem na região amazônica.

1.2. As Redes Geográficas do Narcotráfico

De certo, afirma-se aqui neste texto que, sob uma perspectiva geopolítica, a abordagem sobre o narcotráfico nas Américas é necessária para se compreender o papel da divisão internacional do trabalho direcionada pelas redes ilegais, destacando-se a relação entre países produtores e países consumidores. Não obstante, chama-se a atenção para o fato de que o narcotráfico nas Américas ganha forças e dimensões políticas em um contexto de grande instabilidade econômica e vulnerabilidade social. A fase da chamada década perdida dos anos de 1980 atinge perversamente a estrutura social dos países com grandes dívidas e mergulhados na corrupção.

Essa estrutura socioeconômica comprometida com a corrupção torna-se um ambiente favorável para as mais variadas manifestações ilícitas que, conectadas por redes geográficas ilícitas, produzem uma geopolítica estratégica que atende ao mercado e à economia das drogas. Para Ferreira Neto (2012), a expansão do narcotráfico é favorecida pelas desigualdades produzidas e reproduzidas pelos ajustes estruturais das décadas de 1970 e 1980 responsável por gerar uma divisão internacional do trabalho, e, desse modo, os países que mais consomem e lucram com esse mercado majoritariamente são os da Europa e da América do Norte. De certa forma, essa relação recebe um complemento que se manifesta por meio do trabalho de camponeses pobres que cultivam folha de coca (Bolívia, Colômbia e Peru) e canabis (no Paraguai e no polígono da maconha no Brasil)

No caso do Brasil, havia uma concentração do plantio de maconha no interior da região Nordeste, nos estados da Bahia, Pernambuco e Maranhão, porém, nos últimos anos, o estado do Pará, na região amazônica, passou a ser um produtor em potencial de canabis, como quase sempre, camponeses pobres são aliciados para trabalharem no plantio e na colheita. Mas o Brasil utiliza a maconha muito mais para o consumo interno e não para a exportação, mantendo ainda uma relação de mercado com os produtores paraguaios.

Nas relações comerciais do narcotráfico a divisão do trabalho exige de seus principais agentes as mais variadas estratégias de transporte da droga e lavagem de dinheiro a fim de fortalecer os mecanismos organizacionais da produção, da distribuição e do consumo. A geopolítica imposta pelos narcotraficantes de drogas na América se dá com base na venda de cocaína, tendo a América do Norte como principal mercado consumidor e o Peru, a Bolívia e a Colômbia (países da Comunidade Andina) como os principais fornecedores. Enquanto que o cultivo da folha de coca, matéria-prima para a cocaína, é produzida culturalmente nos Andes, a maconha tem seu cultivo em diversas partes do mundo, resultado da legalização e descriminalização, permitindo também os mais variados usos da canabis, que vão desde o fumo até roupas e remédios, dentre outros.

As redes geográficas do narcotráfico impõem uma dinâmica de controle e regulação das principais rotas de transporte de cocaína, promovendo a interação entre produtores e consumidores. Há então, uma completa e complexa rede que integra os fluxos de informações, capitais e mercadorias provenientes do narcotráfico, inclusive, neste último ponto, chama-se a atenção para o fato de que cada vez mais outros produtos ilícitos acompanham as rotas e fluxos da cocaína, a exemplo dos minérios e madeiras contrabandeadas na Amazônia.

De qualquer forma, essa sobreposição de atividades torna ainda mais complexa e difícil de desvendar as redes geográficas do crime organizado na América, para Raffestin (1993, p. 104), "a rede faz e desfaz as prisões do espaço, tornando-o território: tanto libera quanto aprisiona. É o porquê de ser o instrumento, por excelência, do poder". Pois territórios em redes são construídos para darem conta de dar vazão aos fluxos de drogas do circuito espacial do narcotráfico, por isso, deve-se considerar um componente essencial: *a política*, não exclusivamente do Estado, mas a dos diversos atores dispostos estrategicamente no espaço, estabelecendo territorialidades superpostas nas quais se manifestam diferentes e contraditórias relações de poder (MIRANDA NETO, 2008, p. 29).

Na Ásia, a papoula, matéria-prima base para a produção de ópio, de acordo com os dados da UNODC (2018), tem como principal produtor o Afeganistão, com 84% de toda a produção mundial. Trata-se de uma dinâmica que parte de uma produção asiática que abastece a própria região e a Europa, mas, assim como a coca, a papoula também tem aspectos culturais e tradicionais que marcam a sua produção. De qualquer forma, segundo a UNODC (2018), a produção de cocaína, maconha e ópio vem crescendo nos últimos anos e a indústria farmacêutica vem utilizando remédios com base na canabis (maconha) e papoula (ópio), e só em 2018 1,7 toneladas de cocaína pura e 7,6 toneladas de ópio foram produzidas.

Invariavelmente, a pobreza e as desigualdades sociais produzidas pela exploração do capital em países pobres também são responsáveis por formar mão de obra para o narcotráfico. Trata-se também de uma precarização e exploração das forças de trabalho que acompanha essa lógica organizacional da força econômica e empresarial do narcotráfico transnacional, portanto, construir redes micros e macros de relações de poder faz parte da estrutura e organização do crime organizado, e assim, para Castells (1999, p. 497), "as redes constituem a nova morfologia social de nossas sociedades, e a difusão da lógica das redes modifica, de forma substancial, a operação e os resultados dos processos produtivos e de experiência, poder e cultura".

As redes geográficas do narcotráfico dão a vazão necessária para a liquidez do capital gerado pelo *narcomercado*[7], uma fluidez necessária em que, de acordo com Santos (1996, p. 219), "a fluidez não é uma categoria técnica, mas uma entidade sociotécnica. Ela alcançaria as consequências atuais se, ao lado das novas inovações técnicas, não estivessem operando novas formas de ação". As mais diversas rotas são utilizadas por narcotraficantes para dar conta de atender às demandas do consumo de drogas, seja por terra, ar ou mar.

Assim, vários agentes públicos e estatais cooptados pela corrupção ou atraídos pelo volume de dinheiro gerado a partir da venda da droga fazem parte dessa completa rede de interações sociais e espaciais, por isso, para Haesbaert (2004, p. 149), a rede é definida como

> [...] espaço organizado a partir de relações sociais que priorizam a mobilidade e a fluidez, por meio de linhas ou dutos e polos ou nós (conexões), necessários à dinâmica dos fluxos (materiais ou imateriais) que o fundamenta.

A definição proposta pelo autor, embora não esteja direcionada especificamente para as redes do narcotráfico, se enquadra perfeitamente nessa relação, sobretudo quando se considera o crime organizado uma estrutura econômica transnacional.

De acordo com Strange (1996), sobre o crime organizado, pode-se dizer que o grande marco temporal que registra a transição desse ator para operações na esfera transnacional também são os anos 1990. Outrora, o tráfico de drogas existia sob um modelo específico de múltiplas soberanias, cujas bases econômicas e políticas estavam consolidadas em estruturas locais e regionais.

---

[7] O termo narcoeconomia é uma referência aos recursos financeiros oriundo das vendas de drogas consideradas ilícitas, e, portanto, comercializadas ilegalmente.

De fato, os anos de 1990 são os anos da consolidação da política neoliberal na América Latina e expansão da globalização econômica com maior fluidez de mercadorias, pessoas, capitais e informações, tudo isso resultado do fim da Guerra Fria, avanço tecnológico nos transportes e comunicações e maior presença do capital financeiro em forma de investimentos.

Desse modo, há uma evolução das estruturas organizacionais do crime organizado e suas facções, que cada vez mais evoluem de uma estrutura hierarquizada burocratizada para uma estrutura em redes bastante evoluída.

Para Sposito (2008, p. 48):

> Na tentativa de compreender o que é rede, foram considerados: estrutura, escala, atores, território e fluxos. Esses elementos, na conformação das redes, combinam-se de maneira complexa, e sua visualização se torna impossível do ponto de vista quantitativo. É apenas qualitativamente que se pode compreender as possibilidades de articulação desses elementos entre si.

As redes do narcotráfico são, então, o conjunto de pontos interconectados em escalas diferenciadas, é "a formação das redes que estabelece um novo paradigma para a compreensão do conceito de espaço" (SPOSITO, 2008, p. 50). Sendo assim, elas "estão presentes em todas as estratégias que os atores desencadeiam para dominar as superfícies e os pontos por meio da gestão e do controle das distâncias" (RAFFESTIN, 1993, p. 200).

A globalização econômica possibilitou também a criação de um caráter muito mais empresarial por parte dos grupos do crime organizado, suas atuações foram expandidas ou ampliadas, misturam-se também com outras atividades como estratégia de lavagem de dinheiro e de mais lucratividade. As redes se formam desde os grandes mercados globais até as pequenas redes em escalas localizadas, formando-se, assim, uma importante sinergia que é incorporada pelas organizações criminosas para que possam estabelecer suas territorialidades.

Para Santos (1979, p. 139),

> O território, hoje, pode ser formado de lugares contíguos e de lugares em rede. São, todavia, os mesmos lugares que formam redes e que formam o espaço banal. São os mesmos lugares, os mesmos pontos, mas contendo simultaneamente funcionalizações diferentes, quiçá divergentes ou opostas.

Diante dessa concepção, pode-se também atribuir às noções de posição e extensão, considerando, sobretudo, os nós e as *malhas* que conectadas promovem o funcionamento do sistema, ou seja, típicos de uma abordagem geográfica. Segundo Santos (1996), as redes são, pois, ao mesmo tempo, concentradoras e dispersoras; condutoras de forças centrípetas e de forças centrífugas. É comum, aliás, que a mesma matriz funcione em duplo sentido. Os vetores que asseguram à distância a presença de uma grande empresa são, para esta, centrípetos, e, para muitas atividades preexistentes no lugar de seu impacto, agem como fatores centrífugos.

Desse modo, Santos (1996) destaca que a rede global é a forma do espaço, é a fluidez do efeito das reestruturações sobre as fronteiras, a qual é sua principal característica. Assim, o lugar onde a rede organiza sua ação arrumadora do território é um agregado de relações ao mesmo tempo internas e externas. Atuam aqui a contiguidade e a nodosidade. A contiguidade é o plano que integra as relações internas em uma única unidade de espaço, nesse caso, horizontalidade. Já a nodosidade é o plano que integra as relações externas com as relações internas da contiguidade, nesse caso, verticalidade. Cada ponto local da superfície terrestre será o resultado desse encontro entrecruzado de horizontalidade e de verticalidade (SANTOS, 1996), em que as ações de regulação e controle "estão presentes em todas as estratégias desencadeadas pelos atores para dominar as superfícies e os pontos por meio da gestão e do controle das distâncias" (RAFFESTIN, 1993, p. 200).

Existe, nesse sentido, um conjunto de células ou redes empresariais que acumulam poder, riqueza e influência, ao ponto de rapidamente substituírem seus líderes assassinados ou seus soldados, o importante nessa relação é o *negócio* não ficar estagnado por falta de recursos humanos. E graças a esse alcance global que o comercio das drogas adquiriu, o crime organizado transnacional tem mais facilidade de se infiltrar nas estruturas políticas organizacionais dos Estados nacionais tornando muito mais difícil seu enfrentamento por parte dos mecanismos da segurança pública.

Com efeitos, a globalização econômica foi acompanhada pela evolução das máfias do crime organizado, agora muito mais eficientes e seguras nas relações políticas e transações comerciais com vistas a obterem resultados satisfatórios. Ou seja, o crime organizado cada vez mais adquire status de uma grande empresa transnacional, e essa avaliação deve ser considerada como um elemento importante de reflexão acerca dos estudos sobre o narcotráfico que criminalizam os guetos, favelas, periferias e toda a sua população.

Relações cada vez mais transfronteiriças ganham destaque no mercado de droga, colocando máfias e facções conectadas com cartéis distribuídos geograficamente pelo mundo, mas estabelecendo uma dinâmica na divisão internacional do trabalho em que cabe aos países pobres a tarefa da produção e do beneficiamento quase sempre, e aos países desenvolvidos cabe o consumo em grandes proporções, com destaque para EUA e Europa. Embora tenha crescido o consumo de cocaína na América do Sul e o Brasil esteja ocupando a segunda posição no ranking mundial de consumo, as drogas ainda são consideradas um problema de segurança nos aeroportos e portos de países como: França, Espanha, Itália, Reino Unido e Alemanha, além dos Países Baixos.

A transnacionalização do crime organizado neste século 21 é muito mais potente e eficiente em níveis de estrutura e organização financeira, aproveitando-se de contextos de instabilidade social e flexibilização das fronteiras diante dos fluxos de mercados. E os fluxos ilegais, ao ganharem espaço no mercado mundial, fortalecem cada vez mais a estrutura produtiva das máfias, organizações criminosas e cartéis. Portanto, as redes exercem um importante papel nesse contexto, sendo imprescindível a organização em redes para o perfeito funcionamento de uma megaestrutura do crime organizado. Segundo Musso (2004, p. 31), "a rede é uma estrutura de interconexão instável, composta de elementos em conexão, e cuja variabilidade obedece a alguma regra de funcionamento". O autor distingue três níveis nessa definição:

1. A rede é uma estrutura composta de elementos em interação; esses elementos são os picos ou nós da rede, ligados entre si por caminhos ou ligações, sendo o conjunto instável e definido em um espaço de três dimensões.

2. A rede é uma estrutura de interconexão instável no tempo; a sua gênese e sua transição, de uma rede simples a outra mais completa, são consubstanciais à sua definição. A estrutura de rede inclui sua dinâmica. Considera-se o desenvolvimento de um elemento em um todo-rede ou de uma rede em uma rede de redes, trata-se sempre de pensar uma complexificação autoengendrada pela estrutura rede.

3. Enfim, o terceiro elemento da definição da rede é a modificação de sua estrutura, a qual obedece a alguma regra de funcionamento. Supõe-se que a variabilidade da estrutura em rede respeita, eventualmente, uma norma que explica o funcionamento do sistema

estruturado em rede. Passa-se da dinâmica da rede ao funcionamento do sistema, como se o primeiro fosse o invisível do segundo, portanto, seu fator explicativo.

Musso (2004) faz uma observação importante acerca da rede, pois se ela produz tantas representações e mitos, é porque ela é uma técnica maior de organização do espaço-tempo. Segundo esse autor, ela é uma matriz espaço-tempo: de um lado, a rede técnica abre a restrição espacial sem suprimir e superpõe um espaço sobre o território — ela desterritorializa e territorializa-se —, de outro lado, ela cria um tempo curto pelo rápido transporte ou pelo intercâmbio de informações. A rede de comunicação adiciona ao espaço-tempo físico um espaço ampliadoe um tempo reduzido.

As afirmações de Musso (2004) corroboram com a interpretação aqui acerca do funcionamento do narcotráfico em redes, pois é por meio da relação entre as redes e os territórios conectados que se dá o funcionamento da estrutura organizacional e produtiva da *narcoeconomia*, um poder difuso e operacional que só funciona mediante as formas de organização territorial, logo: redes, poder e territórios estão intrinsecamente relacionados.

Para Moreira (2008), neste início de século, uma nova realidade — apoiada não mais nas formas antigas de relações do homem com o espaço e a natureza, mas nas que exprimem os conteúdos novos do mundo globalizado — traz consigo uma enorme renovação nas formas de organização geográfica da sociedade. Diante dessa nova realidade, velhos conceitos surgem com novas formas e conceitos novos aparecem renovando conceitos velhos.

Para Castells (1999), em todos os países e em todas as regiões, quadrilhas e redes de quadrilhas estão agora cientes da chance de se conectarem a redes mais amplas de atividades nesse submundo que marca presença dominante em muitas comunidades, cidades e regiões, sendo capaz até mesmo de adquirir a maior parte dos bens de alguns países pequenos, tais como a ilha de Aruba, próximo à costa da Venezuela.

O que há de fato é um alcance do consumo de cocaína no mundo desde a segunda metade do século 20, que como já visto ganha força nos anos de 1980 e 1990, mas é no século 21 que a transnacionalização do crime vem se consolidando e se projetando como uma empresa global. Concorda-se com Castells (1996, p. 205) quando ele afirma que

> [...] nas últimas décadas, as organizações criminosas vêm estabelecendo, cada vez mais, suas operações de uma forma transnacional, aproveitando-se da globalização econômica e das novas tecnologias de comunicações e transportes.

Sendo assim, as cidades tornam-se os nós articulados das redes em constantes movimentos, em fluxos dos mais diversos e que compõem as estruturas sociais resultantes das atividades humanas. Com isso, elas também se tornam redes geográficas:

> As redes geográficas são redes sociais espacializadas. São sociais em virtude de serem construções humanas, elaboradas no âmbito de relações sociais de toda ordem, envolvendo poder e cooperação, além daquelas de outras esferas da vida. As redes sociais são historicamente contextualizadas, portanto, mutáveis, das quais são exemplos a rede de parentesco, englobando os membros de uma grande família, ou a de um grupo de pessoas que se organizam em torno de um interesse comum. (CORRÊA, 2011, p. 200).

Para Corrêa (2011), a rede se torna geográfica quando nós a consideramos em sua espacialidade. A rede em tela está, de fato, espacializada, mas nem sempre a consideramos sob esse ângulo. Para o autor, a passagem de uma rede social para uma rede geográfica se dá quando assim a consideramos, a despeito de sua necessária espacialidade expressa em localizações qualificadas, e com interações espaciais entre elas.

Sendo assim, a rede geográfica só existe mediante a essas interações espaciais, as quais surgem como reflexos do conteúdo social que cada localidade promove e que dão sentido ao seu funcionamento e à sua condição de existência enquanto uma rede ou enquanto um conjunto de pontos conectados e espacializados sobre as regiões. Portanto:

> A espacialidade, que qualifica uma rede social em termos geográficos, não distingue, no entanto, a rede geográfica de outras redes que se apresentam espacializadas. Assim, uma rede fluvial, constituída de nós ou confluências, e fluxos ou cursos de água, apresenta-se espacializada, originando uma bacia hidrográfica. Contudo, como pura rede fluvial, regulada por leis naturais constitui rede da natureza, espacializada, mas não social, sem a presença humana. (CORRÊA, 2011, p. 202).

Além disso, para Corrêa (2011), as redes geográficas tornam-se mais numerosas e cerradas a partir da segunda metade do século 19, no qual o desenvolvimento do capitalismo industrial necessitou e gerou novas demandas que suscitaram novos meios pelos quais as redes geográficas tornam-se mais densas e eficientes, superando progressivamente o espaço pelo tempo. Segundo o autor, instantaneidade e simultaneidade, que hodiernamente caracterizam parte do funcionamento das redes geográficas, é o capítulo atual de uma história que não se concluiu.

O narcotráfico pela percepção dos Estados nacionais é visto enquanto uma ameaça aos mecanismos de proteção/defesa das fronteiras e também é reconhecido como uma ameaça para a sociedade com impactos políticos, econômicos e culturais que muitas vezes fogem do controle institucional. E com isso ele se torna, então, uma das atividades ilícitas mais desafiadoras no que diz respeito às políticas de segurança e de combate ao crime organizado.

Os dados do Escritório das Nações Unidas Contra Drogas e Crimes mostram que o comércio ilegal do crime organizado alcança a cifra de US$ 2 trilhões. Vale ressaltar, também, que essa estimativa equivale cerca de 3,6% de toda a produção e consumo no mercado mundial por ano, chegando a ser dez vezes superior ao PIB de países como a Colômbia, por exemplo.

Diante desse contexto, o Fórum Econômico Mundial, em 2011, apresentou um relatório no qual foram destacadas as cinco primeiras atividades ilegais no mercado global, em que se obteve o seguinte ranking: 1º) Narcotráfico: US$ 320 bilhões; 2º) Falsificação: US$ 250 bilhões; 3º) Tráfico humano: US$ 31,6 bilhões; 4º) Tráfico ilegal de petróleo: US$ 10,8 bilhões; e 5º) Tráfico de vida selvagem: US$ 10 bilhões. Se considerarmos que a maioria das transações são realizadas com dinheiro em espécie, segundo o Fórum Econômico Mundial (FEM) (2011), o esquema de lavagem de dinheiro torna-se um negócio bastante lucrativo e explica o porquê de as atividades ilegais gerarem cerca de US$ 1 trilhão no mercado mundial.

Segundo a UNODC (2016), a "economia das drogas" apresenta-se enquanto uma verdadeira indústria que, na última década do milênio, chegou a faturar US$ 870 bilhões. Nesses termos, a concentração no comércio do tráfico de drogas chega a 1,5% de todas as riquezas que são produzidas e que correspondem ao Produto Interno Bruto (PIB) mundial, e, portanto, chega a movimentar 40% das outras atividades ilegais lucrativas do crime organizado, tais como tráfico de armas, tráfico de pessoas e lavagem de dinheiro. Além disso, segundo o estudo, o consumo continua estável e aumenta proporcionalmente, seguindo o crescimento da população.

No Brasil, relatórios de pesquisas do Escritório das Nações Unidas Sobre Drogas e Crime (UNODC, 2013, 2014) apontam para o crescimento do consumo de cocaína no país, o que, de certa forma, é favorecido pela localização geográfica, pelo aumento do poder de compra da população e pela conectividade existente entre organizações criminosas, como o Primeiro Comando da Capital (PCC), o Comando Vermelho (CV) e, mais recentemente, a Família Do Norte (FDN) com os cartéis colombianos. Este tipo de organização torna-se, portanto, uma espécie de empresa multinacional do tráfico de drogas, com mecanismos e estruturas de poder consolidados, com atores cujas funções são bem definidas e os espaços de atuação bem delimitados, os quais obedecem a comandos hierárquicos que relacionam as redes externas e internas do crime organizado.

As redes do narcotráfico operam como uma espécie de empresa multinacional do crime organizado, com mecanismos e estruturas de poder bem consolidadas e com atores que exercem funções bem definidas e com espaços de atuação delimitados, obedecendo aos comandos hierárquicos. O nível de integração do crime organizado transnacional pode se tornar uma ameaça à soberania dos Estados em relação suas fronteiras, sobretudo quando o seu nível de organização passa a controlar territórios fragmentados, ou com a presença precária do Estado.

O mercado da droga controlado por organizações criminosas torna-se o motor de desenvolvimento das atividades ilícitas que movimentam o tráfico de armas, a lavagem de dinheiro, o contrabando, dentre outras atividades, e quanto maior o seu poder econômico, maior será a capacidade de narcotraficantes influenciarem em questões políticas e econômicas e até mesmo em questões que envolvam a segurança pública. E nesse aspecto ele é uma ameaça para as instituições e para a sociedade se consideramos que estamos tratando do mercado de cocaína. Todavia, há de se considerar também as implicações ou impactos sociais do narcotráfico na vida cotidiana, sobretudo no ambiente urbano das grandes cidades.

1.3 As cidades como nós das redes geográficas e a violência

Com grandes impactos sociais nas cidades, as organizações criminosas operam a partir de territorialidades construídas e definidas em relações de poder difusas e postas pelas regras do jogo do narcotráfico. Além disso, o preconceito, estigmas, discriminação e racismo que são direcionados para as áreas geográficas vulneráveis socialmente tendem a reforçar a relação de distanciamento da população em relação aos órgãos de segurança pública, a exemplo das policias.

Os sujeitos do narcotráfico, ao perceberem esse *vazio de Estado*[8], apresentam-se como donos do território, impondo limites, regras e controlando o espaço. Pedrazzini (2006, p. 95), vai dizer que "os governos nacionais e locais são, em grande parte, responsáveis por essa situação, pois já não oferecem mais às populações locais uma real proteção contra os efeitos da globalização".

É no território que a pobreza, a exclusão social, a omissão do Estado, a violência e as carências tornam-se mais visíveis, mais presentes e escapam das máscaras que as abordagens setoriais lhes imprimem. "A cidade é uma fábrica social da violência, onde os jovens dos bairros pobres são os proletários sem descanso. Mas essa luta pela sobrevivência os arrasta à exclusão" (PEDRAZZANI, 2006, p. 97).

A violência é um fenômeno biopsicossocial complexo e dinâmico que acompanha toda a história e as transformações da humanidade, em que o espaço de criação e o desenvolvimento são a vida em sociedade. No entanto, a violência afeta a saúde ao provocar lesões e traumas físicos, agravos mentais e emocionais e diminui a qualidade de vida das pessoas e das coletividades (MINAYO, 2005).

Os ambientes urbanos, ou melhor, as cidades, recebem influência dos grupos organizados do crime e estes grupos manifestam as mais variadas formas de violência urbana. As cidades são divididas por essas facções que disputam a hegemonia na região e ainda contamos com a presença de grupos milicianos que disputam espaço com os narcotraficantes. Somando-se a isso, existem os esquemas de corrupção por parte de alguns agentes de segurança pública, temos então a formação de um caos social urbano. E essa é a realidade das cidades latino-americanas e de guetos estadunidenses que hoje enfrentam problemas com a violência e com o tráfico de drogas.

Para Zaluar e Conceição (2007), impressiona, no estudo do uso do termo milícia ao longo da história mundial, seu uso equivocado recentemente. A palavra *militia* tem raízes latinas e significa "soldado" (*miles*) e "estado, condição ou atividade" (*itia*) e que, juntas, sugerem o serviço militar. Mas milícia é comumente usada para designar uma força militar composta de cidadãos ou civis que pegam em armas para garantir sua defesa, o cumprimento da lei e o serviço paramilitar em situações de emergência, sem que os integrantes recebam salário ou cumpram função especificada em normas institucionais. Podem ser tanto os que exercem a atividade de defesa de uma

---

[8] Tem o mesmo significado que "ausência" do Estado ou presença precária do mesmo.

comunidade (pessoas, propriedades e leis) como os homens habilitados a cumprir essa atividade e que podem ser chamados a usar as armas em tais situações. Esse conjunto de pessoas pode também ser chamado de Guarda Nacional ou Forças de Defesa do Estado, em geral terrestres.

Abranches (1994) vai procurar avaliar o macroambiente social para, de fato, encontrar as condições que, de certa forma, determinam e estimulam o crescimento da violência e da criminalidade associado à tensão urbana e às condições sociais da convivência metropolitana acarretadas pela desorganização da ordem pública. Cerqueira e Lobão (2003) observam que exatamente nos períodos em que foi observada uma tendência crescente da taxa de homicídios, houve uma deterioração dos indicadores sociais naqueles lugares, com aumento do número de pobres e indigentes.

Para Abranches (1994, p. 130):

> As raízes da violência urbana possuem uma matriz multifatorial que abrange duas dimensões diferentes: a social e a moral. Essas dimensões se manifestam no macro e no microambiente social e espacial. O plano macro é caracterizado pela institucionalidade vigente, pela ordem pública constituída, onde se realizam os processos gerais da urbanização brasileira. O microambiente é dado pela estrutura da convivência nas comunidades locais, e se realiza produzindo e consumindo um determinado espaço. No microambiente socioespacial se articulam as condições locais favoráveis à apropriação desses espaços pelas quadrilhas criminosas, têm-se então a formação do território da violência [...].
>
> [...] quando sua institucionalidade, isto é, as regras e normas de convivência definidas pela comunidade, é distorcida, por inúmeras razões, a ponto de eliminar a barreira moral e legal entre pessoas honestas e bandidos, ela se torna uma fonte independente de reprodução das condições sociais e pessoais para a droga, a violência e o crime.

Um estudo crítico da criminalidade e da violência não pode se ater à análise de variáveis, investigando causas e consequências, sem questionar que novos fatos levariam ao quadro atual da violência urbana, ou que novos processos teriam origem na deterioração crescente das condições de existência social e material das populações urbanas. "Os fenômenos de violência das grandes cidades e o sentimento de insegurança dos seus habitantes são indicadores e fatores de uma transformação radical do espaço urbano" (PEDRAZZINI, 2006, p. 99).

Em estudos sobre a urbanização brasileira, o geógrafo Milton Santos (1993) chama a atenção para o caráter excludente da nossa urbanização que produziu a cidade, especialmente a grande cidade, como polo de pobreza. Para esse autor,

> A cidade em si, como relação social e como materialidade, torna-se criadora de pobreza, tanto pelo modelo socioeconômico de que é o suporte, como por sua estrutura física, que faz dos habitantes das periferias (e dos cortiços) pessoas ainda mais pobres. A pobreza não é apenas o fato do modelo socioeconômico vigente, mas, também do modelo espacial. (SANTOS, 1993, p. 10).

O entendimento dos problemas urbanos, com tantas necessidades recorrentes e outras emergentes, leva a crer que a solução para eles deve ser trazida da interpretação abrangente da realidade, ou seja: uma profunda análise dos processos formadores da urbanização em seus diversos contextos históricos, políticos e culturais. Esse entendimento mais amplo deve incluir a análise das diversas modalidades do uso do território para identificar as especificidades do fenômeno da violência e a partir daí, mensurar sua problemática.

Em razão da complexidade da evolução das cidades e da falta de esperança em sua retomada econômica, determinada por acordos exógenos, a violência seria um instrumento de luta contra um destino incerto da humanidade. Essa fase de desestruturação talvez seja o resultado de uma crise urbana permanente, sobretudo dos serviços públicos, que rompe com a clássica "história" da construção da cidade-povoado, aglomeração, metrópole (BASSAND, 2004 *apud* PEDRAZZINI, 2006, p. 105).

A violência urbana, entendida como um processo amplo, que vai além da criminalidade, "surge e se avoluma à medida que as cidades crescem e se tornam mais complexas, mais dominadas pela multidão e pela anomia" (ABRANCHES, 1994, p. 125). A urbanização excludente cria um crescimento anárquico, que permite a produção de espaços onde impera "o mandonismo característico das quadrilhas que tiranizam as periferias urbanas e as favelas, exercido fundamentalmente pela violência armada e pela intimidação física, sem qualquer resquício de legitimidade é intrinsecamente criminoso" (ABRANCHES, 1994, p. 127).

A violência organizada trata-se de um novo processo que atua no espaço urbano como um dos agentes da urbanização, valendo-se da informalidade e da ilegalidade da ocupação, da especulação do mercado imobiliário, da fraca atuação do poder público, da impunidade e da vulnerabilidade da população pobre. E a violência urbana, entendida como um processo amplo, que vai além da criminalidade, "surge e se avoluma à medida que as cidades crescem e se tornam mais complexas, mais dominadas pela multidão e pela anomia" (ABRANCHES, 1994, p. 127).

O crime organizado tem como características: a ilegalidade, formação de redes, a movimentação de grandes somas de dinheiro, a corrupção de policiais e políticos e a cooptação de pessoas. É o "crime negócio", como destaca Zaluar (1999, p. 67), que o considera como um novo tipo de crime relacionado ao contrabando de armas e de drogas, redes de escambo entre mercadorias roubadas e o tráfego de drogas, baseado na lógica da acumulação capitalista. Recruta os jovens pobres para trabalhar neste negócio altamente lucrativo que é o tráfico de drogas, mundialmente importante, em termos financeiros, pelas grandes somas de dinheiro que envolve.

Segundo a mesma autora, "[...] o crime organizado não pode mais ser desconsiderado como uma força importante ao lado dos Estados nacionais, partidos políticos, igrejas, empresas multinacionais etc." (ZALUAR, 1999, p. 69). Por fim, Zaluar (1998) enfatiza que entre as transformações sociais recentes, estariam os novos processos mundiais de difusão cultural, seja de novos estilos de consumo, seja de padrões comportamentais, inclusive o do uso de drogas ilegais e de novos hábitos de violência. As manifestações desta, tanto nas cidades brasileiras quanto nas de outros países, não podem ser entendidas sem levar em conta os efeitos da globalização da economia, que incluem a difusão rápida dos produtos culturais em que se baseiam esses estilos.

2

FRONTEIRAS E REDES ILEGAIS TRANSFRONTEIRIÇAS NA AMAZÔNIA

Sabe-se que a Amazônia se tornou um espaço privilegiado para as ações estratégicas das redes do narcotráfico, tendo fronteiras que ultrapassam os limites territoriais brasileiros. Essa característica importante — somada às particularidades naturais da região, como floresta latifoliada e mata densa, localização geográfica próxima aos principais produtores de coca (Bolívia, Colômbia e Peru) e uma bacia hidrográfica a qual vai para além dos limites nacionais — tem, portanto, uma dinâmica que favorece as necessidades e possibilidades das redes do narcotráfico.

O narcotráfico na Amazônia, neste início de século, destaca-se enquanto uma das mais significativas e preocupantes ameaças à soberania nacional nas fronteiras e a defesa dos povos da floresta. Suas redes criam estruturas de poder que conectam o local e o global nas relações transnacionais do comércio de drogas ilícitas, de forma que estas redes utilizam as cidades como suas bases operacionais, territorializando-se e articulando-se em facções ou comandos do crime organizado, os quais controlam as principais rotas de interesse do circuito espacial de distribuição, beneficiamento e consumo, sobretudo da cocaína que é principal droga que atravessa a região.

Analisar a dinâmica regional e global do narcotráfico no Brasil a partir da região amazônica torna-se um esforço necessário para apresentar uma das questões mais emblemáticas que a região vive. A história da Amazônia é marcada pela história dos mais variados tipos de conflitos políticos, econômicos, sociais e ambientais. E todos estes de alguma forma podem sofrer influências diretas ou indiretas das organizações criminosas que desenvolvem algum tipo de relação na região.

2.1 A definição de fronteira

Quando a referência do debate é a fronteira, diversos autores com as mais variadas concepções e definições apresentam suas interpretações acerca dessa categoria analítica, categoria esta que transita por várias disciplinas das Ciências Sociais. Não é objeto de preocupação do texto aqui apresentar uma infinidade de teorias filosóficas sobre a fronteira. Foram escolhidos alguns trabalhos que nos últimos anos vêm servindo de bases para relatórios de pesquisas, dissertações de mestrado e teses de doutorados. São resultados de pesquisa com bastante consistência e que apresentam reflexões importantes sobre a dinâmica da fronteira e das agendas institucionais. O percurso metodológico, nesse primeiro momento, trouxe então como instrumento investigativo a análise documental e a pesquisa bibliográfica.

Em trabalhos anteriores, Couto (2011) definiu a fronteira como um espaço complexo que não se restringe ao limite estabelecido pelo Estado-nação, e, além disso, afirmamos que a fronteira é por si só palco de tensões e conflitos, e por isso ela representa um lugar de preocupação da segurança nacional. Essa afirmação ainda é válida, e além disso, a fronteira é um espaço privilegiado de transformações sociopolíticas, resultado das frentes de expansão econômicas e da mobilidade populacional.

O geógrafo Pedro Pinchas Geiger (1993) chamava a atenção destacando que se torna necessário acentuar que, na sua origem histórica, a fronteira não foi um conceito jurídico, nem, pelo menos essencialmente, um conceito político ou intelectual, ao invés disso, foi um fenômeno dos *fatos da vida*, a manifestação da tendência espontânea para o crescimento ecúmeno. O ecúmeno define-se enquanto área habitável ou habitada da Terra, ou seja, são áreas adequadas para a ocupação humana.

Foucher (2009) apresenta um resumo das ideias anteriores, dizendo que elas podem ser reconhecidas como problema, limite ou até mesmo oportunidade, conforme o contexto ao qual estão associadas. Problema, limite e oportunidade em nossa análise são o mesmo que conflito, controle e possibilidades. O *conflito* surge devido aos mais variados usos dos recursos ou as formas de utilização da fronteira para fins de atividades clandestinas, o que obriga o Estado a promover uma política de intervenção para garantia da ordem. O *controle* ocorre quando há um processo de militarização e estado de exceção sobre os espaços fronteiriços com a justificativa da garantia da defesa nacional e do combate aos atos considerados ilícitos ou subversivos.

E por fim, as *possibilidades* que são na verdade as atividades econômicas que surgem planejadas pelo Estado ou pelas grandes empresas, ou então, surgem de forma espontânea; tais atividades são: exploração mineral e madeireira, garimpagem, ocupação de terras e grilagem. De qualquer forma, todo o contexto descrito deixa em evidência o quanto que os espaços de fronteira são tensos.

Historicamente, a palavra fronteira implica naquilo que ela sugere etimologicamente, isto é, o que se encontra *na frente*, uma área que foi parte de um todo, especificamente, a parte que se encontra na frente, se aceita a teoria que pode existir — ou deva existir — somente um único Estado — um Estado universal — então, fronteira significa a frente do *imperium mundi* que se expande na direção dos únicos limites que pode reconhecer, nominalmente, os limites do mundo. Deste modo, a fronteira não é o fim (a cauda), mas o começo (a cabeça) do Estado. A cabeça irradiada de luz e conhecimento se expandindo no meio da escuridão e do conhecimento (GEIGER, 1993).

A fronteira é então uma construção histórica das mais variadas sociedades, e por isso ela não se restringe jamais ao limite, ela está sempre à frente, sempre em uma dinâmica de movimento. A fronteira é histórica e temporal e Braudel (1993) propõe o conceito de *tempo social* em que as fronteiras podem ser interpretadas como separatrizes de tempos desiguais, ou, como evoluções econômicas não paralelas e, ao mesmo tempo, como zonas de integração e articulação.

Sob a luz da geopolítica, Moreira (2018) destaca que há um esforço teórico de explicação do que ele chama de *espaços-fenômenos*, de forma mais dinâmica do que aquela forma fixa e delimitada em mapas e outros instrumentos cartográficos. Para esse autor, a fronteira deixa de ser algo estático e adquire movimento, desafiando concepções mais tradicionais, baseadas na lógica da geopolítica da guerra e da paz, amigo e inimigo, interno e externo.

Geiger (1993) destacava que o termo fronteira pode ser aplicado tanto ao alargamento do ecúmeno, como a regiões avançadas de um país, cuja dinâmica econômica e social possa ser relacionada, seja a progressos tecnológicos, seja a novas formas de organização social, ou a ligações com outras formas socioeconômicas.

Para Foucher (2009, p. 21):

> As fronteiras não fazem parte dos territórios nacionais, sendo, portanto, "descontinuidades territoriais", que têm como principal função delimitar politicamente os Estados-nações. Dessa forma, elas podem ser consideradas como instituições políticas, sendo estabelecidas por decisões políticas e administradas por instrumentos legais.

Desse modo, as fronteiras, fazendo parte dos interesses nacionais, são confundidas muitas vezes com o sinônimo de limite. De acordo com Aveni (2018, p. 43) "o limite jurídico do território é uma abstração, gerada e sustentada pela ação institucional nacional como instrumento de separação entre países e povos".

Assim,

> As fronteiras, dadas suas posições geográficas, já carregam uma condição multifacetada dos processos territoriais, econômicos, culturais e político-administrativos. Essa composição plural atua e influencia as dinâmicas locais e regionais que, comumente, criam meios próprios de convivência que os diferem dos demais recortes do território nacional. A partir disso, os confrontos de regimes políticos, contextos sociais, econômicos e culturais exigem uma presença maior dos respectivos Estados Nacionais nos dois lados do limite internacional. (NUNES, 2018, p. 73).

A geógrafa Lia Osório Machado é uma das pioneiras no Brasil a traçar um debate analítico acerca das definições de limite e fronteiras. Para Machado (2000) as fronteiras pertencem ao domínio dos povos. Enquanto o limite jurídico do território é uma abstração, gerada e sustentada pela ação institucional no sentido de controle efetivo do Estado territorial, portanto, um instrumento de separação entre unidades políticas soberanas, a fronteira é lugar de comunicação e troca. Ainda segundo a autora, os povos podem se expandir para além do limite jurídico do Estado, desafiar a lei territorial de cada Estado limítrofe e às vezes criar uma situação de *facto*, potencialmente conflituosa, obrigando a revisão dos acordos diplomáticos.

A reflexão da autora chama a atenção para as relações que são estabelecidas ao longo das fronteiras e que ultrapassam os limites jurídicos políticos. Pois a história de formação das fronteiras dos Estados nacionais é marcada por processo de conquistas, dominação e consolidação do poder. Existem povos que mantêm relações históricas, mas que foram separados pelos limites impostos pelo Estado, a exemplo do povo Yanomami que vive na Amazônia brasileira e venezuelana separados pelo limite fronteiriço internacional. Entretanto, mantém relações de trocas e comunicação entre suas comunidades. Ou então, temos o exemplo do povo basco localizado no sudoeste da França e norte da Espanha. Separados pelo limite internacional destes países, o povo basco é uma nação dividida em dois países.

Por isso,

> Não é surpresa, portanto, que a fronteira, historicamente, tem sido objeto permanente de preocupação dos Estados, no sentido de controle e vínculo. Tampouco é surpreendente que um dos objetivos do sistema histórico de Estados nacionais, em vigência por quase dois séculos, foi o de estimular a

coincidência entre limite e fronteira, disso resultando uma convergência conceitual, a ponto de serem consideradas na literatura como sinônimos. (MACHADO, 2000, p. 10).

Embora fronteira e limite sejam apresentados naturalmente tendo o mesmo significado, para Machado (1998), a palavra fronteira implica, historicamente, aquilo que sua etimologia sugere: o que está na frente. A autora destaca que a origem histórica da palavra mostra que seu uso não estava associado a nenhum conceito legal e que não era um conceito essencialmente político ou intelectual. Nesse sentido, a fronteira nasce como um fenômeno da vida social espontânea, indicando a margem do mundo habitado.

Em resumo, à medida que os padrões de civilização foram se desenvolvendo acima do nível de subsistência, as fronteiras entre ecúmenos tornaram-se lugares de comunicação e, por conseguinte, adquiriram um caráter político, e mesmo assim não havia a conotação de uma área ou zona que marcasse o limite definido ou fim de uma unidade política. Ou seja, o sentido de fronteira era não de fim, mas do começo do Estado, o lugar para onde ele tendia a se expandir.

Por outro lado, segundo Machado (1998, p. 41-42, grifo da autora):

> A palavra *limite*, de origem latina, foi criada para designar o fim daquilo que mantém coesa uma unidade político-territorial, ou seja, sua ligação interna. Essa conotação política foi reforçada pelo moderno conceito de Estado, onde a soberania corresponde a um processo absoluto de *territorialização*. O monopólio legítimo do uso da força física, a capacidade exclusiva de forjar normas de trocas sociais reprodutivas (a moeda, os impostos), a capacidade de estruturar, de maneira singular, as formas de comunicação (a língua nacional, o sistema educativo etc.) são elementos constitutivos da soberania do estado, correspondendo ao território cujo controle efetivo é exercido pelo governo central (o *estado territorial*).

A autora continua a discussão estabelecendo algumas diferenças que segundo ela são essenciais para diferenciar fronteira de limite, pois,

> As diferenças são essenciais. A fronteira está orientada "para fora" (forças centrífugas), enquanto os limites estão orientados "para dentro" (forças centrípetas). Enquanto a *fronteira* é considerada uma fonte de perigo ou ameaça porque pode desenvolver interesses distintos aos do governo central, o *limite* jurídico do estado é criado e mantido pelo governo central, não tendo vida própria e nem mesmo existência

> material, é um polígono. O chamado "marco de fronteira" é na verdade um símbolo visível do limite. Visto desta forma, o *limite* não está ligado a presença de gente, sendo uma abstração, generalizada na lei nacional, sujeita às leis internacionais, mas distante, frequentemente, dos desejos e aspirações dos habitantes da fronteira. Por isso mesmo, a fronteira é objeto permanente da preocupação dos estados no sentido de controle e vinculação. Por outro lado, enquanto a *fronteira* pode ser um fator de integração, na medida que for uma zona de interpenetração mútua e de constante manipulação de estruturas sociais, políticas e culturais distintas, o *limite* é um fator de separação, pois separa unidades políticas soberanas e permanece como um obstáculo fixo, não importando a presença de certos fatores comuns, físico-geográficos ou culturais. (MACHADO, 1998, p. 42, grifo da autora).

Assim, podemos então dizer que:

> Uma reflexão sobre limites e fronteiras é, também, uma reflexão sobre o poder. Fronteiras e limites são desenvolvidos para estabelecer domínios e demarcar territórios. Foram concebidos para insinuar precisão: a precisão que pede o poder. Enquanto forma de controle, a precisão é necessária para o exercício pleno do poder. (HISSA, 2002, p. 35).

Segundo Hissa, o limite estimula a ideia sobre a distância e a separação, enquanto a fronteira movimenta a reflexão sobre o contato e a integração. Para esse autor (2002), a fronteira vista como *front*, estar à frente, como se ousasse representar o começo de tudo, em que deveria representar o fim; o limite parece significar o fim do que estabelece a coesão do território. Já Robert Sack (1986, p. 19) chama a atenção para o fato de que "os limites dos territórios não são imutáveis, mudam de acordo com as estratégias e recursos de controle e delimitação do espaço".

As noções de limite e fronteira emergem com a constituição dos Estados Nacionais e suas definições são marcadas pelas mudanças ao longo do tempo. Na sua discussão, a autora destaca o limite internacional, considerando-o como regulador das relações interestatais. Em relação à fronteira, considera uma zona percorrida pelo limite internacional, portanto, espaço relacional de territorialização de grupos humanos e das redes de circulação (MACHADO, 2000).

Newman (2003) entende que as fronteiras são como construções sociais, espaciais e políticas que permitem, em conjunto com as políticas identitárias, organizar as sociedades conforme suas próprias características. Assim, fronteiras e limites são aspectos diferentes, em que o primeiro demarca os limites de um Estado e a região onde ele está inserido, já o segundo demarcador são linhas imperfeitas criadas a partir de aspectos físicos.

De qualquer forma, as fronteiras (*frontiers*) e os limites (*boundaries*) são construções sociais e políticas que fazem parte da história de mobilidade dos povos e da construção institucional dos Estados nacionais. E a diferença na definição desses dois termos é uma forma de evitar equívocos e imprecisões conceituais que possam vir a fazer algum tipo de confusão interpretativa. No atual contexto do processo de globalização fragmentadora do espaço, é importante considerarmos as grandes transformações em que as fronteiras dos Estados territoriais são submetidas em função dos fluxos globais cada vez mais intensos (ora livres, ora controlados) de pessoas, mercadorias, capitais e informações. A fronteira torna-se então, segundo Haesbaert (2001, p. 126), um espaço de "des-territorialização, de desraizamento das identidades territoriais".

2.2 A faixa de fronteira

Os estudos que têm como objeto de investigação as fronteiras e a sua relação com a questão da soberania nacional buscam sempre dar ênfase ao que se define como *ameaças transfronteiriças*. Trata-se de um conjunto de atividades ou ações que são consideradas pelo Estado uma ameaça à integridade territorial do país e causadoras de desordens e ilicitudes. São consideradas ameaças transfronteiriças: o tráfico de drogas e armas, a lavagem de dinheiro, o contrabando, os movimentos separatistas e o terrorismo internacional. Acrescentamos o tráfico de pessoas e de órgãos que também estabelecem relações transfronteiriças, como já visto no capítulo anterior.

No caso da Amazônia, historicamente desde a ocupação portuguesa do século 16, houve uma preocupação com suas delimitações territoriais. E isso prevaleceu (e ainda prevalece) por todas as etapas de integração da região que se tornou um objeto de preocupação do Estado e sua geopolítica. Nesse contexto, para um debate mais contemporâneo que possa dialogar com pensamento governamental e a presença da Amazônia nas agendas institucionais, é preciso discorrer sobre a definição da chamada faixa de fronteira.

Segundo Aveni (2018), a fronteira é, assim, ao mesmo tempo, lugar de possível conflito entre soberanias e também de comunicação e troca entre povos. Nas palavras fronteira e faixa de fronteira, existem ambos: uma coexistência dos conceitos de limite legal e institucional ou soberania, e limite entre duas sociedades, povos e culturas. Essa perspectiva multidimensional complexa das fronteiras está assumindo muita relevância como explicação das relações nas faixas de fronteira.

E de acordo com Prescott (1987 *apud* AVENI, 2018), a base do conceito de fronteira, deve ser entendida considerando a diferença do uso dos termos *boundary* (linha) e *frontier* (zona). O autor diferencia ainda *settlement frontier*, ou fronteira estabelecida que separa áreas habitadas e não habitadas, conceituando áreas ou faixas fronteiriças. Para ele, as *intra-national boundaries*, ou limites internos, são limites e não propriamente zonas fronteiriças. O *settlement frontier* só existe quando os limites são definidos juridicamente, pois, afinal, não faz sentido tratar de fronteira sem a definição de um limite além do qual se opera uma relação com um vizinho.

No Brasil existe a Lei 6.634 de 2/5/1979, em que, a partir daí, ficam estabelecidas como faixa de fronteira do território as áreas equivalentes 150 km de largura paralela ao território dos países vizinhos. Quase sempre são áreas onde se desenvolvem intensas relações e bastantes atividades envolvendo os seus moradores, sobretudo, nas áreas mais povoadas. Entretanto, as áreas mais rarefeitas ou com menor densidade demográfica tornam-se estratégicas para a presença de atividades criminosas.

Cerca de 11 milhões de pessoas vivem hoje na faixa de fronteira brasileira, distribuídas desigualmente ao longo dos mais de 16 mil quilômetros do limite político internacional. Em contraste com o padrão concentrado do povoamento da costa atlântica, a faixa de fronteira continental é esparsamente povoada, o que tem sido tratado do ponto de vista geopolítico como um fator de vulnerabilidade a ameaças externas (BRASIL, 2016).

Assim,

> A Faixa de Fronteira interna do Brasil com os países vizinhos foi estabelecida em 150 km de largura (Lei 6.634, de 2/5/1979), paralela à linha divisória terrestre do território nacional. A largura da Faixa foi sendo modificada desde o Segundo Império (60 km) por sucessivas Constituições Federais (1934; 1937; 1946) até a atual, que ratificou sua largura em 150 km. A preocupação com a segurança nacional, de onde emana a criação de um território especial ao longo do limite internacional continental do país, embora legítima, não tem sido acompanhada de uma política pública sistemática que atenda às especificidades regionais, nem do ponto de vista econômico nem da cidadania fronteiriça. Motivos para isso não faltaram até o passado recente, como a baixa densidade

demográfica, a vocação "atlântica" do país, as grandes distâncias e às dificuldades de comunicação com os principais centros decisórios, entre outros. (BRASIL, 2005, p. 9).

Vale lembrar que há muito tempo a Amazônia vem despertando interesses associados à sua importância no cenário geopolítico global e que trata de questões de ordem ecológico-ambiental, sustentadas pelo discurso da preservação-sustentabilidade. Becker (2004), ao falar sobre a mercantilização da natureza, destacou três tipos de mercados que despertam as ambições sobre a região: os mercados do ar, da água e da vida (biodiversidade).

O mercado do ar refere-se à ampliação de políticas de *sequestro* de carbono, no qual o desenvolvimento de projetos de reflorestamento permite a venda de taxas de emissão de gás carbônico (CO_2) no mercado das bolsas de valores. O mercado da água trata do valor atribuído à água potável, definida por Becker (2004) como o *ouro azul*, considerando as tendências recentes de escassez de água potável no planeta. A Amazônia, portanto, e sua importante reserva, torna-se parte integrante de uma hidropolítica que desperta ambição do capitalismo central. Por fim, o mercado da vida, no qual a autora destaca o papel que a biodiversidade da floresta desempenha na possibilidade de desenvolvimento de pesquisas do ramo da farmacologia, ou, mais ainda, a biodiversidade, dá condições para a expansão da fronteira biotecnológica (BECKER, 2004).

Essa mudança no cenário geopolítico mundial obrigou o Brasil a aumentar a presença institucional na região. E, para tanto, alguns projetos foram elaborados com o intuito de criar mecanismos de proteção e defesa das fronteiras com uma atenção especial em relação à Amazônia. Segundo Kolk (1996), a fronteira da Amazônia brasileira com os seus vizinhos tem uma área de baixo grau de desenvolvimento econômico e social. Fatores característicos da região, tais como uma baixa densidade demográfica em parcela significativa do território, a atuação precária do Estado na oferta de serviços públicos, contribuem para o surgimento de zonas de instabilidade na fronteira, convivendo com meândricas peculiaridades ecológicas.

O programa de Promoção do Desenvolvimento da Faixa de Fronteira (PDFF) (2009) estabelece uma sub-regionalização da faixa de fronteira que está dividida em três: Arco Norte, Arco Central e Arco Sul. Cada um destes arcos com uma peculiaridade e com características diferentes em termos de população, densidade demográfica e grau de urbanização.

O mapa a seguir apresenta os Arcos e sub-regiões que tiveram uma definição a partir do programa citado anteriormente, a pesquisa aqui respeitou as informações que estão no documento oficial do governo brasileiro, porém, foquei nas fronteiras da Amazônia, ou seja, no Arco Norte, onde diversos fluxos são estabelecidos cotidianamente devido a presença das chamadas cidades gêmeas, mais também, em áreas de difícil vigilância onde o crime organizado cria rotas e estabelece relações.

Tem-se desse modo, três Arcos (Norte, Central e Sul), eles concentram 17 sub-regiões, em que: o Arco Norte é a faixa que envolve os estados do Amazonas, Amapá, Roraima e Pará. Este Arco impõe um rio de influência que chega a países como: Colômbia, Equador, Peru, Venezuela, Guiana, Guiana Francesa, Suriname e Bolívia. O Arco Central é composto pelos estados de Rondônia, Mato Grosso, Mato Grosso do Sul, Santa Catarina, São Paulo e Paraná e sua região de influência abrange Bolívia e Paraguai. Por fim, o Arco Sul, este tem os estados do Rio Grande do Sul e Santa Catarina e tem como região de influência a Argentina.

Os três Arcos destacados demostram a complexidade das regiões de fronteiras em territórios brasileiros. Vale destacar que a maiorias dos países que estão sob a influência transfronteiriça dos Arcos estão localizados no Arco Norte, ou seja, na fronteira amazônica, destacando, sobretudo, o nível de complexidade que ela representa em função de sua dimensão geográfica e da proximidade em relação a países produtores de cocaína e com a presença de guerrilhas.

Mapa 1 – Arcos e sub-regiões da faixa de fronteira

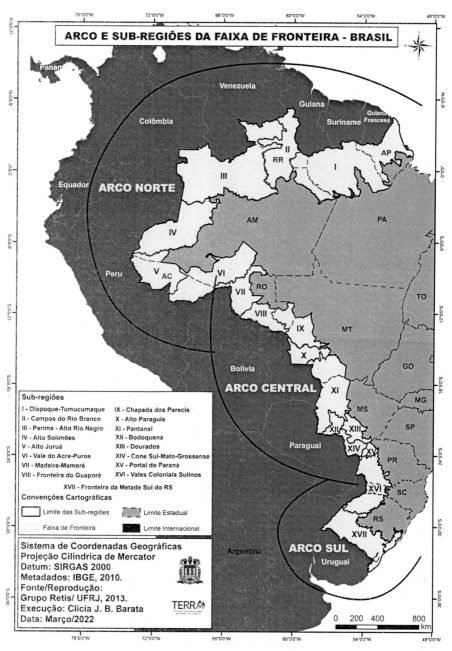

Fonte: Brasil (2009), adaptado Grupo Terra (2022)

Mapa 2– Arco Norte: Densidade Demográfica (2010)

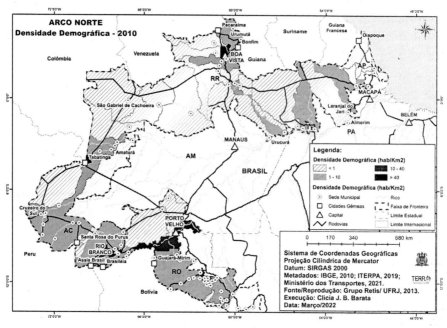

Fonte: Brasil (2012), adaptado Grupo Terra (2021)

De antemão, destaco que enquanto a média nacional de densidade demográfica é de aproximadamente 23habitantes por quilômetro quadrado (hab./km$^{2)}$, a densidade demográfica da faixa de fronteira raras vezes se eleva acima de 10 hab./km^2, como o mapa destaca. Uma exceção são as capitais, nesse caso, Boa Vista (RR) e Rio Branco (AC), as duas capitais estaduais ali presentes, e de Tabatinga (AM), cidade gêmea de Letícia na Colômbia (BRASIL, 2016), elas estão com uma densidade acima da média das maiorias das cidades nessa região.

É preciso destacar a precarização e carência dos serviços e níveis de integração na faixa de fronteira, pois são escassos os centros urbanos de nível intermediário. No Arco Norte, apenas seis cidades têm população entre 25 e 50 mil habitantes e uma tem população entre 50 e 100 mil habitantes — Cruzeiro do Sul (AC). As únicas cidades com população superior a 100 mil habitantes são Rio Branco (AC) e Boa Vista (RR), que absorvem juntas um quarto da população do Arco Norte. Essas três cidades concentram ao redor de si um pequeno número de centros urbanos, formando adensamentos moderados. As demais aglomerações urbanas situam-se ao longo dos principais rios e estradas, a longas distâncias umas das outras (BRASIL, 2016).

O Plano Nacional de Desenvolvimento da Faixa De Fronteira define o Arco Norte a partir da faixa de fronteira dos Estados do Amapá, Pará, Roraima, Amazonas e Acre. O PDFF faz uma observação importante destacando que, apesar de também fazer parte da Amazônia Legal, a base produtiva e outros indicadores socioeconômicos apontaram no sentido de deslocar a faixa de fronteira de Rondônia para o Arco Central (observação igualmente válida para o estado de Mato Grosso, outro estado componente da Amazônia Legal) (BRASIL, 2009).

Como procuraremos relacionar as questões fronteiriças na Amazônia com a agenda institucional governamental, o Arco Norte é justamente a porção do espaço regional que apresenta uma série de conflitos resultados de dinâmicas econômicas, políticas, sociais e culturais que promovem o movimento da fronteira, e os espaços mais privilegiados são justamente as cidades gêmeas. As cidades gêmeas são aquelas que estão na faixa de fronteira divididas pelos limites territoriais do Brasil e seus países vizinhos da América do Sul.

O PDFF destaca que a priorização de atuação em sub-regiões que contêm cidades gêmeas é decorrente do fato de a nova ordem mundial identificar cidades contíguas como uma oportunidade de fortalecer e catalisar os processos de desenvolvimento sub-regional e de integração internacional, fundamentais para a competitividade nacional. É também uma resposta à dívida social que o Estado tem com essas populações historicamente em situação desvantajosa (BRASIL, 2009).

A abordagem deste livro tem como foco a faixa de fronteira amazônica que coincide com o Arco Norte, portanto, as cidades gêmeas dessa região são interpretadas aqui enquanto *cidades-nós* das redes ilegais do narcotráfico de outras atividades criminosas, como contrabando de madeiras e minérios e biopirataria. O mapa três destaca assim as cidades gêmeas ao longo de toda a faixa de fronteira brasileira, por outro lado, a preocupação aqui é destacar àquelas que se encontram na região.

Mapa 3 – Cidades gêmeas ao longo da faixa de fronteira

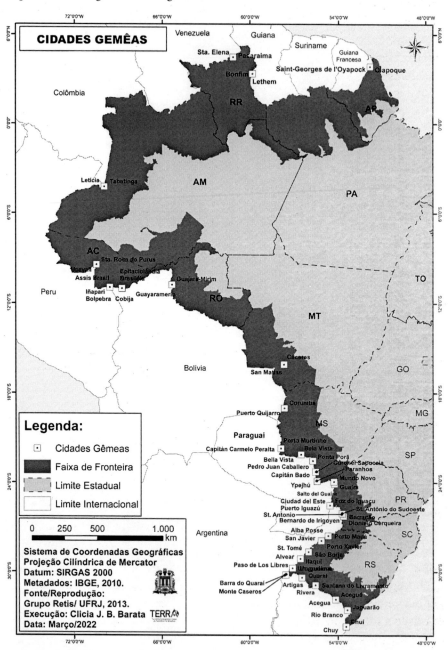

Fonte: Brasil (2009), adaptado Grupo Terra (2021)

Ao longo de toda a faixa de fronteira, no Brasil encontram-se 31 cidades gêmeas, por estas cidades, se dão fluxos e trocas culturais que não se limitam às definições institucionais de seus respectivos países. No caso da Amazônia, são oito cidades gêmeas que mantêm uma forte dinâmica de trocas econômicas, por elas, se dão todas as formas de interação que vão desde as licitas às ilícitas. A faixa de fronteira nesse sentido é um espaço privilegiado para as mais diversas formas de interações sociais.

O quadro um a seguir indica as cidades gêmeas nas fronteiras dos estados amazônicos com países vizinhos. Ressalta-se que também há uma definição de Amazônia que a demarca como Amazônia internacional ou Pan-Amazônia[9], que abarca os países da América do Sul que tem em seus territórios porções da Amazônia. Com isso, Brasil, Bolívia, Colômbia, Guina, Guiana Francesa, Peru, Suriname e Venezuela fazem parte desta imensa região e essa característica por si só já remete à ideia do quanto as fronteiras nessa porção geográfica do Brasil são complexas.

Quadro 1 – Cidades Gêmeas na faixa de fronteira amazônica

Estados brasileiros	Cidades Gêmeas	
Acre	Santa Rosa do Purus	Ucayali (Peru)
	Assis Brasil	Inanpari (Peru)
	Epitaciolância	Cobija (Bolívia)
Amapá	Oiapoque	Oyapock (G. Francesa)
Amazonas	Tabatinga	Letícia (Colômbia)
Rondônia	Guajará Mirim	Guayaramerim (Bolívia)
Roraima	Bonfim	Lethem (Guiana)
Mato Grosso	Cáceres	San Matias (Bolívia)

Fonte: Brasil (2009)

O Arco Norte torna-se a porta de entrada e saída em relação à Amazônia brasileira. A busca de uma convergência política de cooperação na agenda dos países da América do Sul torna-se, nesse sentido, uma emergência geopolítica para a compreensão das várias atividades que colocam em risco a soberania nacional, a defesa dos territórios e a proteção do meio ambiente desses países.

---

[9] A Pan-Amazônia corresponde ao conjunto de países que têm a floresta amazônica em seu território: Colômbia, Peru, Venezuela, Equador, Bolívia, as Guianas e o Suriname, além do Brasil.

Sobre a questão ambiental, ela permanece como um dos temas mais preocupantes e debatidos do mundo. E desse modo a estratégia nacional de defesa do governo brasileiro aponta algumas prioridades essenciais, visto que a Amazônia chama atenção de ambientalistas do mundo inteiro devido sua natureza exuberante.

A geógrafa Bertha Becker (2004) ressalta que a orientação da nova geopolítica global,[10] com base em recursos providos pelas novas instituições financeiras, não descaracteriza o espaço geográfico, mas dá uma nova significação à riqueza nele inserida, neste caso a geografia da Amazônia tem mudado de forma acelerada. Assim, os recursos naturais adquirem novos valores, principalmente a biodiversidade, segundo as possibilidades da biotecnologia e das novas exigências dos negócios ambientais envolvendo o ar, a água e os recursos convencionalmente explorados, como a madeira.

Essas novas potencialidades devem estar no cerne de uma política de desenvolvimento para a região. Os "países detentores de grande biodiversidade, enormes reservas de recursos naturais e imensas áreas para serem incorporadas ao sistema produtivo podem tornar-se objeto de interesse internacional" (BRASIL, 2012, p. 18).

A geopolítica do século XXI coloca a Amazônia no cerne da questão ambiental, forçam o Brasil a promover uma reorientação em suas políticas públicas, com vistas a combater as atividades predatórias que colocam em risco a megabiodiversidade da região.

Segundo o documento elaborado pela Estratégia Nacional de Defesa, a existência de zonas de instabilidade e de ilícitos transnacionais pode provocar o transbordamento de conflitos para outros países da América do Sul. E, sendo assim, a persistência desses focos de incertezas é, também, elemento que justifica a prioridade à defesa do Estado, de modo a preservar os interesses nacionais, a soberania e a independência. E ainda segundo o documento, a vivificação das fronteiras, a proteção do meio ambiente e o uso sustentável dos recursos naturais são aspectos essenciais para o desenvolvimento e a integração da região. O adensamento da presença do Estado, e em particular das Forças Armadas, ao longo das nossas fronteiras é condição relevante para o desenvolvimento sustentável da Amazônia (BRASIL, 2012).

---

[10] Na obra *Geopolítica da Amazônia na Virada do III Milênio*, publicada pela editora Garamond em 2004, a autora traz a tese de que a região é vista como a grande heartland, ou seja, a terra coração do mundo, e, portanto, uma área de interesse das potências internacionais devido à rica biodiversidade.

A preocupação empírica neste texto está pautada na compreensão das atividades multiescalares que a partir de suas geometrias do poder produzem uma geografia das redes ou dos territórios-redes que constantemente negligenciam as medidas institucionais de proteção das fronteiras. As transformações que a Amazônia vem sofrendo desde os anos de 1960 e suas estratégias de desenvolvimento regional e nacional não foram suficientes para reduzir as desigualdades sociais e nem para garantir a melhoria da qualidade de vida da população amazônica, que vulnerável coloca-se em meio ao fogo cruzado entre a *legalidade x ilegalidade*. E na fronteira amazônica são instituídas relações de poder que passam a compor esse cenário histórico de conflitos característicos da região.

2.3 Redes transfronteiriças e apreensões de drogas ilícitas no Arco Norte

Na Amazônia, as rotas utilizadas por narcotraficantes quase não sofreram alterações em relação à entrada de cocaína em território brasileiro. Porém, ao atravessar as fronteiras, diversas estratégias de transporte da droga são criadas, abrindo novas rotas e somando-as as antigas. É um tipo de organização reticular que cria territórios em redes para atender aos interesses hegemônicos do crime organizado e sua relação com o capital financeiro e a lavagem de dinheiro oriundo dessa atividade.

A importância dos rios da região amazônica, sobretudo aqueles transfronteiriços, é porque eles se constituem como importantes elementos de integração e conexão das redes do tráfico de drogas, visto que há uma dificuldade maior de transportar pelas rodovias devido à sua precariedade e em muitos trechos a sua inexistência. Temos então uma dimensão geográfica que, ao utilizar os rios como corredores, transforma algumas cidades enquanto pontos estratégicos ou bases operacionais dessas redes em pleno funcionamento.

Para Machado (1996, p. 9-10):

> [...] a integração horizontal da cadeia produtiva, onde as zonas produtoras de coca situam-se em áreas geográficas específicas da Colômbia, do Peru e da Bolívia, distantes do mercado global, exige uma articulação das operações em diversas escalas e em espaços geograficamente diferenciados, de acordo com cada etapa: cultivo da coca, fases do beneficiamento semi-industrial (pasta base, pasta de

cocaína, cocaína), circulação, estocagem, distribuição por atacado do produto aos mercados (onde outros sistemas de distribuição e manipulação do produto dominam), além da reciclagem dos lucros.

As redes do narcotráfico podem ser compreendidas então como uma atividade ilícita que funciona na clandestinidade e depende do envolvimento de uma série de sujeitos e múltiplas relações. A partir das zonas produtoras, os corredores de exportação se estendem em várias direções, inclusive a do rio Amazonas e seus afluentes em território brasileiro.

A eventual associação entre aqueles que exploram o tráfico internacional de droga e os circuitos do contrabando (mercadorias, armas) é, em grande parte, condicionada pelo uso compartilhado de corredores de exportação/importação e de redes de apoio no âmbito internacional, o que diminui os custos com a segurança, reduz o risco de apreensão e possibilita o florescimento de diversos mecanismos de lavagem dos lucros (MACHADO, 2003).

De acordo com Machado (2011), na década de 1970, uma *cadeia produtiva* da coca-cocaína voltada para os mercados internacionais foi estabelecida nas bacias fluviais do Alto Amazonas no Peru, nos altos vales dos tributários do rio Madeira na Bolívia, e na zona do *piedmont* andino na Colômbia. Enquanto o Peru e a Bolívia se especializaram na produção de coca e de pasta de coca, a Colômbia controlava a produção de pasta base e refino em seus *laboratórios* de cocaína. Já no início daquela década, quando se iniciava o Plano de Integração Nacional (PIN), promovido pelos governos militares no Brasil, surgiram notícias esparsas de que a cocaína colombiana entrava na Bacia Amazônica brasileira por Letícia e pelos vales dos rios Uaupés-Negro, Caquetá-Juruá e Putumayo-Iça, porém na época foi considerado como um problema menor pelas autoridades brasileiras.

Em uma segunda fase, a partir de meados da década de 1980, uma frente pioneira se expandiu nos *llanos* orientais da Colômbia em direção a região amazônica daquele país, uma mudança que alterou a divisão de trabalho entre os três países andinos. A queda dos preços do café, a crise da dívida latino-americana, as políticas de repressão ao plantio de coca no Peru, o crescimento da demanda de cocaína nos Estados Unidos e o movimento guerrilheiro das Forças Armadas Revolucionárias da Colômbia (FARC) são alguns dos fatores apontados pela literatura como responsáveis pelo aumento da produção de coca na Colômbia no período 1988-2000. Paralelamente, no Peru e na Bolívia, se inicia a verticalização da cadeia produtiva, porém a escala de produção de cocaína nesses dois países permaneceu bem abaixo da colombiana (MACHADO, 2011).

Nessas fronteiras da região, as rotas utilizadas por narcotraficantes vêm sendo utilizadas por contrabandistas e pelas redes do tráfico de pessoas e pela imigração internacional na Amazônia. Isso chamou a atenção dos órgãos de segurança pública que vêm fazendo operações no chamado Arco Norte para evitar estas atividades ilegais e efetivar a defesa nas fronteiras.

Mapa 4 – Apreensões de pasta de base pelas Polícias Estaduais (2008 a 2013)

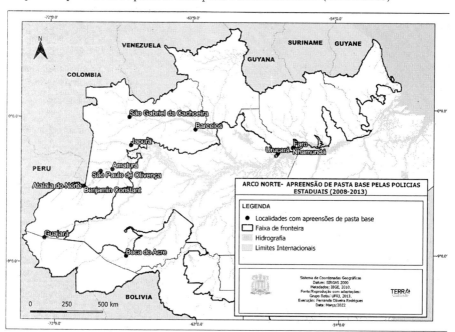

Fonte: Brasil (2016), adaptado Grupo Terra (2022)

Mapa 5 – Apreensões de cocaína pelas Polícias Estaduais (2008 a 2013)

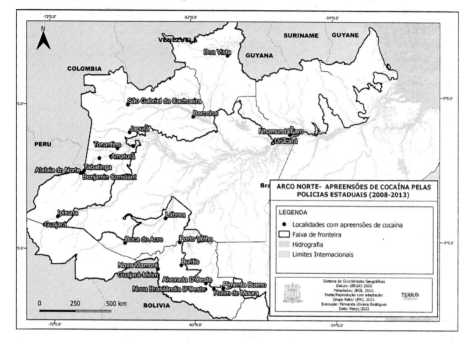

Fonte: Brasil (2016), adaptado Grupo Terra (2022)

Em relação às apreensões de cocaína na faixa de fronteira do Arco Norte, os mapas quatro e cinco destacam as apreensões de pasta de base de cocaína e cocaína em pó pelas Polícias Estaduais do período de 2008 a 2013. O município de Jutaí (AM) se destaca por registrar a maior quantidade de cocaína apreendida do Arco Norte, similar à de Porto Velho (RO) (Arco Central) e maior do que a de Boa Vista (RR). Uma das apreensões divulgadas em sites de mídia eletrônica foi de 33 quilos, feita num barco ancorado na sede municipal, em operação conjunta da Polícia Civil e da Polícia Militar em outubro de 2012 (BRASIL, 2016).

Ainda no estado do Amazonas, ocorreram apreensões de pasta base e de cocaína em Ipixuna e Envira (rio Juruá e afluente) e em Boca do Acre e Lábrea (rio Purus). Tendo em vista a antiga e atual importância do Acre no tráfico de drogas ilícitas, é provável que exista uma conexão desses lugares com Cruzeiro do Sul e a rodovia federal (BR) 364, provavelmente traficando pasta base e cocaína provenientes do Peru, além dos negócios com maconha provenientes do sul do país, como mencionado anteriormente

(BRASIL, 2016). Como já ressaltado, o estado do Amazonas é a grande porta de entrada de grande parte da cocaína que entra em território brasileiro pela Amazônia.

O Amazonas é então o grande corredor da cocaína de origem peruana e em menor quantidade colombiana, a partir das cidades de Atalaia do Norte, Benjamin Constant e Tabatinga, tem-se uma conexão que se dá por meio da Bacia Amazônica, pelo rio Amazonas e seus afluentes em direção ao interior do território. O mapa também destaca o estado de Rondônia como outro importante corredor, em que as cidades de Guajará Mirin e Nova Mamoré são destacadas enquanto *nós* de interação espacial dos fluxos de cocaína de origem boliviana nessa parte da faixa de fronteira.

Essas ocorrências são resultados de operações da polícia na BR-174 e em operações na BR-174 e destaca a conexão que há entre Manaus no Brasil, Venezuela e Guiana, conde a rodovia atravessa até o estado de Roraima, e operações na BR-364, que conecta vários municípios do estado do Acre e Rondônia e deste estado até a região Sudeste do Brasil (BRASIL, 2006).

Além da malha fluvial, também aviões são utilizadas para a circulação de drogas ilícitas na região. Dados da Agencia Nacional de Aviação Civil (ANAC) do ano de 2012 mostram que, por exemplo, o município de São Gabriel da Cachoeira (AM), no Noroeste amazônico, tem 12 aeródromos públicos; os municípios de Pacaraima (RR) e Uiramutã (RR) têm, respectivamente, 20 e 38 aeródromos privados, e existem vários aeródromos privados espalhados em outros municípios.

É óbvio que os aeródromos podem ser e são usados por fazendeiros e gestores públicos, porém é igualmente razoável supor que são utilizados para outros fins. No Arco Norte existem quatro aeroportos internacionais: Boa Vista (RR), Tabatinga (AM), Cruzeiro do Sul e Rio Branco (AC)[11], controlados pela Polícia Federal. É provável que o Sistema de Vigilância da Amazônia (SIVAM) tenha conhecimento da localização de pistas ilegais na região, porém esses dados não foram disponibilizados (BRASIL, 2016, p. 544).

As informações resumidas anteriormente contidas no documento sobre segurança pública nas fronteiras confirmam as informações e afirmações defendidas aqui de que na Amazônia o crime organizado faz uso da região criando redes de conexão que definimos como espécie de territórios em redes. Essa dimensão geográfica em rede torna-se, então, essencial para a constituição de mecanismos de poder aptos a realizar

---

[11] Ver relatório na página 139.

todas as transações que possam potencializar o uso das redes e o uso do território como forma eficaz da fluidez característica das redes do tráfico regional/global de drogas.

A análise aqui nos permite compreender os possíveis impactos gerados pelo narcotráfico na região amazônica e em suas cidades utilizadas como *nós* das redes. Visto que estamos falando de uma forma de organização em *rede* que não é recente, bem como a preocupação de intelectuais que se debruçaram no tema como com a preocupação de que eles gerariam efeitos negativos sobre a organização dos territórios.

Segundo Dias (1995), a questão das redes aparece hoje de outra forma, renovada pelas grandes mudanças do final de século, pelas descobertas e avanços em outros campos disciplinares e na própria Geografia. Assim, um novo contexto teórico estimularia uma abordagem relacional das redes com a urbanização, com a divisão territorial do trabalho e a crescente diferenciação que estas introduzem entre as cidades. É mais do que imprescindível esse tipo de argumentação, já que para o narcotráfico deve existir toda uma estrutura que envolve: pessoas, estradas, aeroportos, hidrovias, portos, cidades, bancos e uma divisão territorial do trabalho. Essa conexão organizada cria a estrutura resultante da organização que produz em redes os territórios.

As redes assumem um importante papel no mundo contemporâneo, visto que a intensificação dos diversos tipos de fluxos acontece por meio delas, e são as redes que dão sentido ao território como forma de articulação com a economia globalizada, não negando os efeitos perversos que elas podem trazer para o lugar.

> Como forma de organização técnica (infraestrutura de suporte ou logística), transacional (econômico-político), informacional (cognitiva), a estrutura de conexões por rede tem um significado bem mais complexo do que o do simples desenho de nódulos conectados por linhas (MACHADO, 1995, p. 6).

Nesse sentido, é imperativo perceber os processos de estruturação do espaço geográfico a partir das formas de organização em redes, buscando conexões entre esta forma de organização e a materialização destas no território, de forma que dê sentido à interpretação de uma geografia produzida pelo narcotráfico na região amazônica. Diante desta realidade contemporânea, é demais importante reconhecer que em relação às redes "a rede de relações é também rede de organização" (DUPUY, 1984 *apud* DIAS, 1995, p. 148). Concordamos com Santos (1996), para quem o lugar que a rede organiza sua ação arrumadora do território é um agregado de relações ao mesmo tempo internas e externas.

Observações importantes devem ser direcionadas para o estado do Acre, pois:

> Fica patente a insuficiência de dados do DPRF. Isso se deve em parte à inexistência de malha rodoviária na maior parte do segmento de fronteira do Acre com o Peru. Porém na BR-317, onde atua o DPRF, o número de ocorrências é bem abaixo do esperado. Cabe lembrar que as rodovias federais do Acre são atendidas pela Superintendência do DPRF de Rondônia. Logo, é provável que o movimento do tráfico de drogas ilícitas no estado do Acre seja muito maior do que as ocorrências de apreensões registradas pelo DPRF, tendo em vista a proximidade deste estado às regiões produtoras de coca/pasta base e cocaína do Peru, atualmente o maior plantador de coca da América do Sul. (BRASIL, 2016, p. 544).

A mesma afirmação vale para a fronteira Amazônica de modo geral, pois além do Peru também os países vizinhos — Colômbia, Bolívia, Venezuela, Guiana, Suriname e Guiana Francesa — estão envolvidos nas redes internacionais de tráfico. Destaca-se também que o Acre importa maconha paraguaia de rotas que passam por Rondônia e Mato Grosso e usa a maconha como forma de pagamento para a compra de cocaína; a cocaína, por sua vez, entra principalmente por Cruzeiro do Sul, Santa Rosa do Purus e Assis Brasil, tendo Sena Madureira como centro de *captura*, ou seja, este município concentra regionalmente os fluxos de drogas ilícitas. Curiosamente, apenas Xapuri apresenta um maior número de ocorrências, enquanto Cruzeiro do Sul não registra nenhuma ocorrência no período, apesar de ser antigo e ativo entreposto do tráfico de drogas ilícitas oriundas do Peru (Pucallpa) (BRASIL, 2016).

Mapa 6 – Apreensões de crack pelas Polícias Estaduais (2008 a 2013)

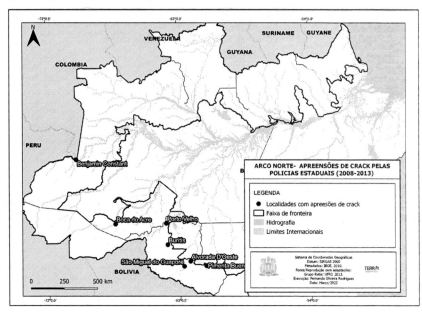

Fonte: Brasil (2016), adaptado Grupo Terra (2022)

Mapa 7 – Apreensões de maconha e haxixe pelas Polícias Estaduais (2008 a 2013)

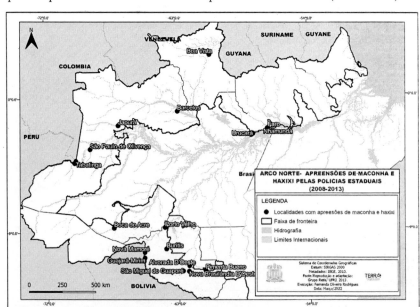

Fonte: Brasil (2016), adaptado Grupo Terra (2022)

O mapa seis vai enfatizar as apreensões de pasta de crack, em que o destaque maior está na fronteira do Brasil com a Bolívia, sobretudo, onde está o estado de Rondônia. Nesse caso, Porto Velho é o principal nó das redes, porém, outras cidades estão também incorporadas nas redes e a conexão por via rodoviária é o principal meio utilizado por narcotraficantes nessa região. No Acre e no Amazonas também tiveram registros, sobretudo nas cidades de Boca do Acre (Acre) e Benjamin Constant (Amazonas).

Por fim, o mapa sete dá ênfase para as cidades onde há ocorrências de apreensões de maconha e haxixe, e nesse caso é importante destacar o papel da Bolívia como principal fornecedor, com uma interação que se dá pelo estado de Rondônia. No estado do Amazonas, a entrada dessas drogas obedece à conexão das cidades gêmeas de Letícia na Colômbia e Tabatinga no Brasil, por essa região de fronteira no Arco Norte tem-se entrada de maconha e haxixe.

Camargo e Andrade (2018) dizem que há preocupações no campo da segurança e da defesa nacional no Arco Norte e na Região Amazônica. Um dos eixos centrais da política de defesa brasileira, a região da Amazônia é a que tem menor densidade demográfica do país, com áreas urbanas muito espalhadas, pouca presença do Estado e baixo nível de infraestrutura econômica. Em algumas dessas áreas, apenas a atuação das Forças Armadas representa o papel do Estado na prestação e fornecimento de serviços públicos, o que já atesta um déficit na atuação do Estado. A característica de ocupação do espaço e o compartilhamento da floresta com Guiana Francesa, Suriname, Guiana, Venezuela, Colômbia, Peru e Bolívia denota a dificuldade de desenvolvimento e defesa dessas fronteiras.

O documento sobre Segurança pública nas fronteiras, diagnóstico socioeconômico e demográfico apresentado pelo Ministério da Justiça (2016), também trouxe as apreensões de drogas realizadas a partir de operações das polícias estaduais e que nos dão indicativos de rotas do narcotráfico na Amazônia. Esse levantamento destaca as ocorrências no Arco Norte ou nas fronteiras da Amazônia e percebe-se o quanto que cidades são transformadas em *nós* de uma rede de integração transfronteiriça. Segundo Castells (1999), nenhum *nó* consegue estruturar a rede por si mesmo. Por mais importante que seja a função da cidade ali situada, "nenhum lugar existe por si mesmo na rede, já que as posições são definidas pelos fluxos" (CASTELLS, 1999, p. 409). São estes fluxos que dão sentido para um dispositivo de poder que se estrutura sobre o território brasileiro e sobre o Estado, mas que em hipótese alguma pode ser chamado de *poder paralelo*, dadas todas as formas pensadas e articuladas de influência destas relações de poder sob as instituições nos mais diferentes níveis de governo.

No Arco Norte, as apreensões de pasta de base de cocaína são pequenas e essas apreensões obedecem à temporalidade de 2008 a 2013. Com uma observação importante sobre Tabatinga no Amazonas que está ausente nestas apreensões. A cidade de Tabatinga (AM) é um dos principais pontos de entrada de pasta de base de cocaína e cocaína em pó. Droga que passa por essa cidade para entrar no Brasil, de origem colombiana e peruana (BRASIL, 2016).

As mais variadas estratégias, como já mencionado, são utilizadas para dar vazão à passagem da droga (cocaína) que parte dos países produtores da Comunidade Andina. É sabido que a rota fluvial hoje é mais utilizada, e muitas vezes pescadores e barqueiro são aliciados pelos narcotraficantes para fazerem o papel de *mulas* do tráfico de drogas. A denominação *mulas* refere-se às pessoas que desempenham o papel de transportar a droga até os seus destinos e recebem pelo trabalho desenvolvido um pagamento em dinheiro. Um sujeito que desempenha o papel de *mula* pode receber, segundo informações coletadas, de R$10 mil a R$ 15 mil para carregar a droga a algum ponto específico. Os valores podem sofrer alterações para mais ou para menos, dependendo da quantidade de droga e da distância que terá que ser corrida para o descarregamento.

A maioria dos municípios onde foram feitas apreensões de pasta base de cocaína e de cocaína pela Polícia Estadual se situa ao longo de conhecidas rotas fluviais: São Gabriel da Cachoeira e Barcelos no rio Negro (rio Uaupés na Colômbia); Japurá no rio de mesmo nome (rio Caquetá na Colômbia); Tabatinga (subnotificado tanto em apreensão de pasta base como de cocaína), São Paulo de Olivença, Amaturá, Tonantins, Jutaí, todos ao longo do rio Solimões (que nasce no Peru com o nome de rio Marañon); Benjamin Constant e Atalaia do Norte no rio Javari (fronteira com o Peru) (BRASIL, 2016).

Os mapas a seguir continuam a análise cartográfica da apreensão de drogas na Amazônia, porém a metodologia utilizada obteve dados do período de 2017 a 2020, considerando as operações das Polícias Estaduais (2017), Polícia Federal (2020), além de várias matérias jornalísticas que destacavam as operações da segurança pública no combate ao tráfico de droga na região, informações sobre meio de transporte utilizado para transportar a droga, quantidade apreendida, cidade que ocorreu a apreensão e destino final da droga, bem como o tipo de droga, foram essenciais para que um banco de dados fosse criado e, a partir dele, os indicativos pudessem colaborar para organização dos mapas temáticos.

Então, os dados materializados nos mapas apontam para uma dinâmica organizacional das redes do narcotráfico bastante complexa na região. Para reforçar: o Brasil não é um país produtor de cocaína e, como já vimos, ele é um produtor de maconha em estados do Nordeste e hoje também em estados na Amazônia. Os mapas a seguir fazem esta análise interpretativa e descritiva.

Em relação aos registros de maconha e cocaína apreendidas (Mapa8), temos a seguinte descrição: no Amazonas, a capital Manaus seguida pelas cidades de Manacapurú, Maraã e Santo Antonio do Içá tiveram ocorrências de crimes de tráfico de cocaína, já no Pará, Belém e Barcarena, registraram cerca de 3.500 quilos de droga apreendida, em seguida, há um destaque para estas ocorrências na cidade de Abaetetuba.

Em relação à apreensão de maconha, destacam-se as seguintes analises: no Acre, houve registro na cidade de Cruzeiro do Sul, no Amazonas, Manaus e Maraã, no Mato Grosso, houve ocorrência na cidade de Alto Taquiri e, por fim, no Pará, as cidades de Itaituba e Castanhal destacam-se com um pouco mais de 700 quilos de maconha apreendida.

A respeito de apreensões de Skunk e MDMA (Mapa 9), no Amazonas, Santo Antonio do Içá lidera o ranking dos registros. Todavia houve diversas ocorrências em Jutá, Tefé, Coarí, Macacapurú e Manaus. Em Roraima, Boa Vista e no Amapá, na capital Macapá, foram registradas esse tipo de apreensão. Apenas a cidade de Belém no estado do Pará registrou uma apreensão de MDMA, ou seja, cerca de oito mil comprimidos.

O Mapa 10 faz referência aos registros de plantio de maconha nos estados da Amazônia e destaca o seguinte contexto: no estado do Amazonas, os municípios de Pauiní, Careiro e Urucurituba registraram essas ocorrências, já no Acre, há destaque para a capital, Rio Branco, e finalmente no estado do Pará, o município de São Félix do Xingu se apresenta como uma área de produção, mas a maior produção encontra-se na região conhecida como O Quadrilátero da Maconha, que abrange os municípios de Bujarú, Concódia, Mojú e Tomé-açu. No geral, nove municípios do Pará e seis cidades do Maranhão, sobretudo na área que liga o nordeste do Pará ao oeste do Maranhão, formam uma grande área de plantio de maconha.

Mapa 8 – Registro Maconha e Cocaína apreendidas (2021 a 2020)

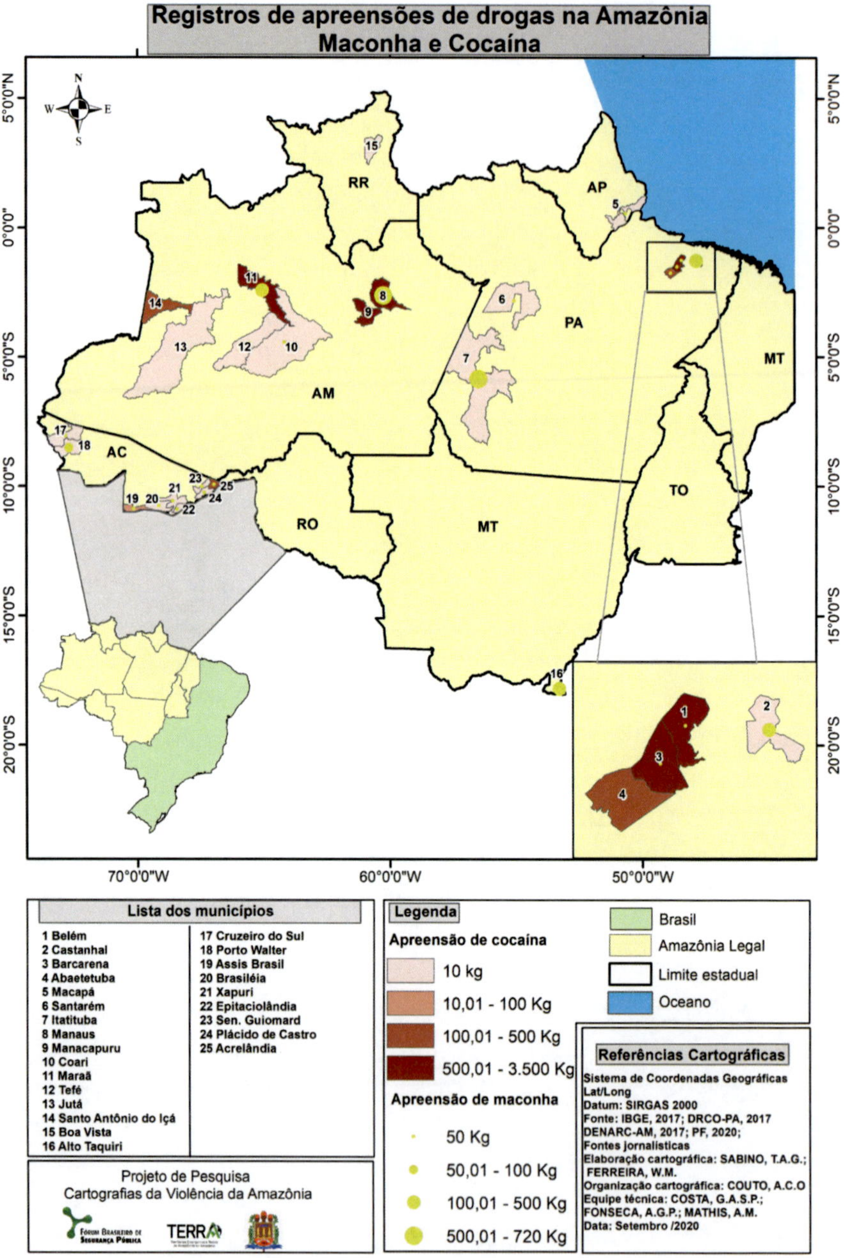

Fonte: Grupo Terra/Uepa/FBSP (2020)

Mapa 9 – Registros de apreensões de Skunk e MDMA na Amazônia (2020)

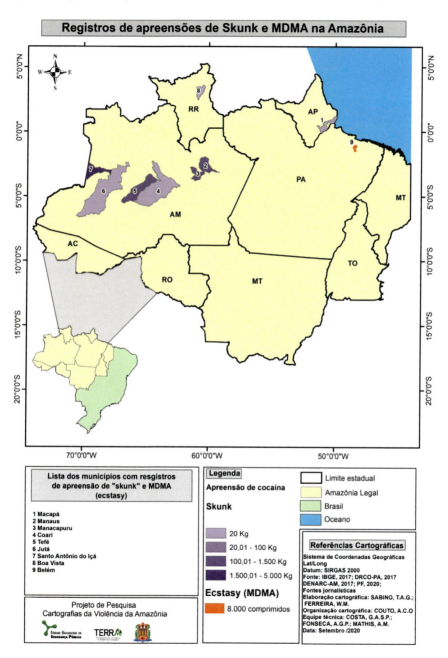

Fonte: Grupo Terra/Uepa/FBSP (2020)

Mapa 10 – Registros de plantio de Maconha na Amazônia (2017 a 2020)

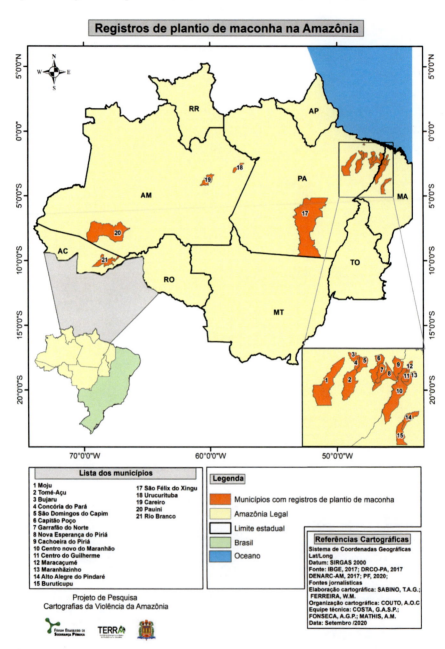

Fonte: Grupo Terra/Uepa/FBSP (2020)

A pouca presença do Estado é responsável em grande medida pelo fortalecimento de atividades criminosas na fronteira e isso serve tanto para o lado brasileiro quanto para o lado boliviano, colombiano e peruano. "O Estado, ao negligenciar a necessidade de ações mais efetivas no âmbito das políticas públicas, empurra sua população para uma integração perversa" (COUTO, 2020, p. 380). Finalmente, a geografia do narcotráfico manifesta-se na Amazônia pela dinâmica política que envolve as relações de poder, economicamente relacionada à demanda ou relação oferta e procura, e por fim, pela dinâmica social, cuja seleção de atores sociais, agentes ou sujeitos é um elemento de destaque na constituição de ligações de baixo para cima e de cima para baixo. Ou seja, diante de tudo isso, tem-se então as ações horizontais e verticais do narcotráfico.

3

CARTOGRAFIAS E ESTRUTURA ESPACIAL DO NARCOTRÁFICO NA AMAZÔNIA

A Amazônia tornou-se nas últimas décadas uma das principais áreas de trânsito da cocaína de origem Andina em direção aos mercados da Europa, África e regiões do Brasil. Assim sendo, as articulações logísticas criadas e impostas pelo narcotráfico na região produzem uma geografia em forma de redes, redes de poder que se organizam criando territórios e controlando fluxos. O objetivo deste capítulo é analisar a reestruturação espacial do narcotráfico destacando as principais mudanças e as permanências nas rotas utilizadas na região amazônica. Essas mudanças hoje reorientam as estratégias de facções do crime organizado no Brasil e dessa forma a Amazônia vem sendo palco de disputa pelo controle dos principais corredores da cocaína.

3.1 A Amazônia no contexto do narcotráfico

Parte-se do resultado de pesquisas de alguns autores e de documentos do governo brasileiro que definem o narcotráfico enquanto uma ameaça para o território, e em especial para a Amazônia enquanto uma região de interesse da segurança nacional e da defesa. É obvio que ao observar o mapa da América do Sul e destacarmos a Amazônia, vamos identificar que ela está para além do território brasileiro, compondo então o conjunto de países que fazem parte da chamada Pan-Amazônia ou Amazônia internacional. Em seguida, também se torna fácil verificar que a região está localizada junto aos principais produtores de cocaína do mundo (Bolívia, Colômbia e Peru) e isso também é um fator importante para se considerar em relação à ampliação das redes do narcotráfico na região.

Outro fato a ser considerado é a imensidão da fronteira brasileira, pois o Brasil apresenta uma região fronteiriça na América do Sul de aproximadamente 8,5 milhões de quilômetros quadrados (km^2) de área terrestre e 4,5 milhões km^2 de área marítima são 16.886 km de fronteiras, dividindo limites com nove países sul-americanos e um território ultramarino francês. E em relação à Amazônia, ela corresponde a uma floresta latifoliada úmida e que cobre a maior parte da Bacia Amazônica da América do Sul abrangendo sete milhões de km², em que cinco milhões e meio são cobertos pela floresta tropical.

Em razão das características físicas do território, como vegetação e malha hidrográfica, o rio Amazonas e seus afluentes são importantes eixos estruturadores de povoamento e constituem vias naturais de integração e comércio com os países vizinhos. Apesar de a rede fluvial ser central em toda a região Norte, a construção de algumas rodovias federais (BRs) foi importante para a consolidação da rede de fluxos, como é o caso das BR-363 e BR-317, no leste do Acre; as BR-174 e BR-401, que ligam Manaus e Boa Vista ao Caribe, passando pela Venezuela e a Guiana, respectivamente; e a BR-156, que liga o município de Macapá à Guiana Francesa (BRASIL, 2005).

Hoje é possível reconhecer que toda essa malha de integração também é utilizada pelas atividades ilegais como: contrabando de ouro e diamante, biopirataria, exploração ilegal de madeiras, tráfico de drogas e tráfico de pessoas. São diferentes tipos de fluxos que circulam na região e que ultrapassam a fronteira dando sentido ao seu uso e atribuindo a Amazônia brasileira um sentido regional-global da economia do crime. Em relação ao narcotráfico, outras possibilidades de transportes da droga são criadas acompanhando a dinâmica da relação entre produção e consumo.

Além do mais, é nesses termos — e esse é o ponto — que as economias vêm se estruturando, esse é um dado também estruturante das hoje redefinidas relações entre Estado, economia e sociedade em tempos de globalização. A rigor, essa indistinção entre o legal e o ilegal, o lícito e o ilícito, o oficial e o paralelo já compõem o estado de coisas, na justaposição das redes (políticas, econômicas, nacionais e transacionais) e as atividades ilícitas (TELLES, 2010).

Embora considere as ideias do autor anteriormente citado bastante pertinente, minha opção está em não concordar com o uso do termo *poder paralelo* como alguns também gostam de utilizar ou defender. Parte do princípio de que de alguma forma o ilícito consegue se infiltrar nas estruturas institucionais caminhando junto com o Estado e seja na lavagem de dinheiro, no tráfico de influência ou na corrupção institucional, o crime e o Estado estarão de mãos dadas compactuando lógicas de poder.

De acordo com o relatório de 2016 do Escritório das Nações Unidas Sobre Drogas e Crimes (UNODC), a *economia das drogas* apresenta-se enquanto uma verdadeira indústria que, na última década do milênio, chegou a faturar US$ 870 bilhões. Nesses termos, a concentração no comércio do tráfico de drogas chega a 1,5% de todas as riquezas que são produzidas e que correspondem ao Produto Interno Bruto (PIB) mundial, e, portanto, chega a movimentar 40% das outras atividades ilegais lucrativas do crime organizado, tais como tráfico de armas, tráfico de pessoas e lavagem de dinheiro.

E para estas atividades, a região amazônica torna-se um sistema aberto com grande potencial de articulações transfronteiriças que a colocam nesse contexto global das redes ilegais do crime organizado. Machado (2003) chama a atenção para o fato de que as concepções parecem ser eternamente válidas para muitos setores que lidam com as políticas públicas dirigidas à Amazônia brasileira, a despeito de mudanças no contexto, no conteúdo e nas formas de uso do território. A primeira delas é conceber o território como espaço vazio e a segunda é conceber a região como sistema fechado pelos limites internacionais, o que do ponto de vista geográfico significa desvinculá-la da unidade maior formada pela Bacia Amazônica sul-americana.

A Bacia Sul-Americana é um importante corredor de integração entre a Amazônia brasileira e seus vizinhos. Essa integração que durante algum tempo atrás foi vista como possibilidade de fortalecimento do Mercado Comum do Cone Sul (Mercosul), ou seja, o bloco econômico liderado pelo Brasil e Argentina. A Bacia Amazônica é vista também como um conjunto de rios que se tornaram eixos estruturantes do funcionamento das redes do crime organizado e suas interações espaciais.

Essa interação traz a percepção de que a fronteira deve ser percebida como um espaço de interações múltiplas e concordamos aqui com as colocações de Machado (2002), em que não é possível compreender a fronteira apenas como uma área de cunho militar, pois existem muitas outras relações — econômicas, políticas, de povoamento e interação — nesse espaço. Assim, adota-se a noção de fronteira como lugar de ter ação, de encontro, de comunicação, de conflito e oportunidade, espaço entre diferentes fluxos que são realizados por sistemas territoriais diferentes e de nacionalidades distintas.

O narcotráfico está inserido em um sistema territorial em redes que apresenta diferentes nacionalidades conectadas e interagindo, dinamizando a fluidez do grande volume de drogas (cocaína) comercializadas no mercado regional-global e vem fortalecendo a presença do crime organizado na Amazônia. Como já visto, esse fato é um dos fatores que pressionam o governo brasileiro a adotar medidas de proteção do território ou de defesa e vigilância.

Para Nunes (2018, p. 74):

> Em função do grande volume de atividades ilícitas, as ações de instituições ligadas à segurança pública são fomentadas visando à implementação de políticas específicas e incentivos voltados à ampliação dessas ações e ao controle fronteiriço. A partir disso, as forças de segurança têm buscado implementar novas estratégias de vigilância fronteiriça por meio de instrumentos tecnológicos, por exemplo, o uso dos veículos aéreos não tripulados (Vant) e radares. Atualmente, a grande expectativa dessas instituições recai sobre a implantação do Sistema Integrado de Monitoramento de Fronteiras (Sisfron).

Para Andrade e Camargo (2018), como são áreas de convergência entre políticas de segurança nacional, defesa e segurança pública, as fronteiras naturalmente se constituem em pontos focais de problemas referentes à criminalidade transnacional e à soberania nacional. Remetem, portanto, a uma zona cinzenta de atuação das forças de defesa (Forças Armadas) e de segurança pública (polícia). Nesse sentido, políticas de segurança nas fronteiras tendem a ser bastante complexas, pois precisam coordenar diversos atores dos três níveis federativos. No caso brasileiro, a existência de uma fronteira tão extensa resulta em um desafio político para o desenho e a implementação de políticas públicas.

O fato é que as relações entre o lícito e o ilícito constituem um fenômeno transversal na experiência contemporânea. São vários os autores que vêm chamando a atenção para a transitividade entre o informal, o ilegal, o ilícito, com uma preocupação, mais ou menos explicitada, em distinguir a natureza da transgressão que se opera no âmbito da economia informal ou, então, a que define as atividades ilícitas ou criminosas, como tráfico de drogas, armas e seres humanos (TELLES, 2010).

Não obstante, a Amazônia brasileira tornou-se uma rota primária obrigatória para o funcionamento do narcotráfico direcionando os fluxos de cocaína e mais recentemente o skank (ou super maconha) para a Europa e África. São redes formadas a partir do território brasileiro e passam pela região amazônica. E são conexões do Brasil com as Guianas, o Suriname e os demais países andinos. É essa compreensão geográfica que torna cada vez mais importante o corredor da Bacia Amazônica.

Desse modo, são os níveis de criminalidade e a incapacidade de Estados vizinhos de controlar os fluxos de crimes transnacionais, como tráfico de armas, de pessoas e de substâncias ilícitas, que representam as principais ameaças à dinâmica da segurança regional, e não perspectivas de grandes conflitos interestatais. Há, portanto, um conjunto diverso de ilícitos presentes nas regiões de fronteira do Brasil que compõem o mosaico dos desafios para as políticas de segurança e defesa nas fronteiras brasileiras (ANDRADE; CAMARGO, 2018).

Os maiores desafios para a segurança nas fronteiras da Amazônia são o baixo grau de desenvolvimento da faixa de fronteiras que compõe cidades com populações vulneráveis e a dificuldade em se estabelecer no âmbito das relações internacionais um tratado de cooperação que incluam ações em conjunto envolvendo os países da Amazônia internacional. Mais do que isso, a questão do combate ao narcotráfico nas fronteiras pode se dá pela intensificação de políticas públicas coerentes com a dinâmica regional, com a descriminalização da droga que pode ser tratada de outra forma, por exemplo, tornando-se um caso de saúde pública e não de segurança pública, e, por fim, o debate sobre sua possível liberação e legalização.

Para Andrade e Camargo (2018), podem ser apontados quatro tipos de crimes que representam um conjunto de problemas de fronteiras: o primeiro é o tráfico de pessoas como fenômeno cuja ocorrência está ligada a áreas com condições socioeconômicas frágeis. O segundo, o contrabando de mercadorias legais e ilegais e, segundo os autores, o Brasil reconhece que há uma conexão entre a criminalidade organizada e a transnacional, portanto, questões de segurança local podem também se tornar problemas nacionais de segurança mais amplos. O terceiro, o tráfico de armas que envolve direta ou indiretamente as fronteiras terrestres do país e que para os autores, em virtude da porosidade das fronteiras e da baixa fiscalização, há rotas ilegais entre os portos brasileiros e as fronteiras com países vizinhos, a partir de cinco rotas fronteiriças principais: i) Norte; ii) Paraguai; iii) Argentina; iv) Bolívia; e v) Peru. E por último, o tráfico de cocaína nas fronteiras amazônicas e de maconha nas fronteiras do sul do Brasil.

Podemos acrescentar outras atividades criminosas que estão ocorrendo na região amazônica e que deveriam ganhar uma atenção especial, como a biopirataria de espécies animais e vegetais que também tem uma dimensão global e o desmatamento resultante do contrabando de madeiras e das queimadas ilegais que se espalham pelo território deixando um rastro de destruição da megabiodiversidade e atingindo principalmente os povos tradicionais.

Machado (2001) nos lembra que o tráfico de drogas ilícitas, mais especificamente a economia das drogas ilícitas, apresenta impacto e efeitos diferenciados em cada país, porém o caráter multinacional das organizações e grupos envolvidos, os vínculos com o sistema financeiro internacional por meio da lavagem de dinheiro e aplicação de ativos, seu potencial como forma de acumulação de capital e de poder que escapa ao controle de organismos políticos nacionais e internacionais fizeram com que as drogas ilícitas adquirissem certa relevância na geopolítica mundial.

Para Machado (2011), a economia das drogas ilícitas, assim como outros setores de atividade dependentes da organização em redes transnacionais, se presta bastante bem a abordagem sistêmica, porém sua conexão com a florescente economia da segurança transformou o que é uma ferramenta conceitual em artifício político na medida em que torna secundária a diferença entre os estados nacionais em nome de uma problemática comum a todos. Uma problemática, por certo, que dilui o conceito de hegemonia, uma vez aceita a ideia de compartilhamento de ameaças e soluções independentemente de relações hierárquicas entre os Estados nacionais. As diferenças de interesse, de história, de perspectiva entre os estados nacionais, essencial para as concepções da geopolítica clássica, perdem importância diante da configuração de uma *nova* geopolítica da segurança.

De fato, fica evidente que a inserção da Amazônia no contexto do narcotráfico se dá pelo lado das fronteiras com a Colômbia, Peru e Bolívia por representarem portas de entrada da cocaína. Na realidade, as particularidades geográficas da Amazônia oferecem facilidades para a prática do ilícito (ISHIDA, 2006, p. 4), e segundo Machado (1998), pesquisas anteriores sobre essas redes sugerem que nas últimas décadas aquelas que obtiveram relativo sucesso em fazer uso da Bacia Amazônica sul-americana como unidade funcional e como região geográfica foram firmas e empreendimentos que exploram o comércio ilegal de drogas e contrabando de mercadorias.

O Ministério da Justiça lançou em 2016 um documento com o diagnóstico socioeconômico e demográfico da segurança pública nas fronteiras. E nesse sentido, foram registrados dados sobre apreensões de ilícitos na faixa de fronteira, destacando inclusive, os tipos de drogas apreendidas. Existe uma justificativa para as ações de apreensão a partir de legislações e normas criadas pelo Estado e que orientam as operações dos órgãos de segurança pública. São as leis do Brasil que irão definir o que é legal e ilegal, lícito e ilícito ou permitido e proibido. É esse par dialético que irá também apresentar-se no debate legalismo x proibismo.

As mercadorias ilegais:

> O primeiro grupo abrange mercadorias ilegais, ou seja, mercadorias cujo comércio e uso são considerados ilícitos (ou controlados, como no caso de algumas drogas sintéticas) pela legislação do país. É o caso das *drogas*: drogas de origem orgânica (cocaína e seus precursores, como pasta base de cocaína; crack; cannabis; haxixe); e drogas sintéticas (anfetaminas; barbitúricos etc.). (BRASIL, 2016, p. 553, grifo nosso).

As drogas aparecem então como o primeiro grande grupo considerado ilegal/ilícito e isso as colocam na lista de ameaças à ordem pública e a estabilidade social. Essa é uma das justificativas para orientar ações conjuntas dos órgãos de segurança pública em áreas de fronteira no território brasileiro. Temos então definidos o segundo grupo:

> O segundo grande grupo é formado pelo comércio ilegal de mercadorias legais. Nesse caso estão armas e munições e um leque de outras mercadorias (cigarros, pneus, bebida, eletrônicos e produtos de informática, combustíveis, madeira etc.) cujo comércio pode configurar *contrabando* e/ou *descaminho*. O contrabando se configura quando uma mercadoria entra ou sai de um país sem o pagamento de direitos alfandegários, ou seja, está relacionado ao campo bem mais extenso da *evasão fiscal*. Como a maior parte das pessoas na história e na geografia do mundo não gosta de pagar impostos é provável que esse seja o motivo para a tolerância secular em relação ao contrabando (BRASIL, 2016, p. 554, grifo nosso).

O contrabando então aparece como o segundo grande grupo de mercadorias consideradas ilegais ou ilícitas. De qualquer forma, os dois grandes grupos que aparecem no documento do governo brasileiro são as atividades que se utilizam das fronteiras para atenderem demandas de mercado/consumo. E o Estado reconhece essas atividades como um problema sociopolítico que estabelece conexões com as forças do crime organizado transnacional.

O crime organizado globalmente necessita de um determinado lugar no espaço, transformando-o em um ponto das redes de influência ou redes de produção/distribuição/consumo que alimentam a divisão internacional do trabalho dos circuitos do narcotráfico global. E assim o tráfico internacional de drogas surge como um mecanismo de poder e ação sobre a presença do Estado, e no Brasil, a região amazônica que é vulnerável à ação dessas redes do crime e isso a coloca em uma condição de conflitos sociopolíticos e até mesmo territoriais.

O reconhecimento dessa conexão, real ou potencial, com grandes organizações extremamente sofisticadas e capazes de integrar atividades ilegais à esfera legal é um dos principais responsáveis pela mudança de paradigma nas políticas públicas de controle de atividades ilícitas, principalmente no caso do comércio de drogas (BRASIL, 2016, p. 554). E isso se torna mais um elemento que dificulta todo e qualquer tipo de debate político que envolva a questão da legalização das drogas no Brasil. Pois, as drogas continuam sendo vistas como uma ameaça à integridade social, política, econômica e cultural da sociedade brasileira.

É importante explicitar aqui que o governo brasileiro vinha apresentando uma mudança no paradigma de combate às drogas. No caso das drogas consideradas ilícitas, a anterior ênfase na repressão ao tráfico e ao consumo individual de drogas defendido pela política da *guerra às drogas* do final do século 20 está sendo ampliada (possivelmente substituída) para uma política abrangente, mais atenta aos laços entre atividades ilegais e atividades legais. Essa mudança de paradigma pode ser interpretada como uma resposta à própria evolução dos negócios ilícitos, hoje técnica e economicamente mais sofisticada, alimentada pelo aumento dos lucros, diversificação de atividades e maior capacidade de estabelecer alianças funcionais com vários setores da economia e da política, nacional e internacionalmente (BRASIL, 2016).

Cabe, mais uma vez, evidenciar que o Brasil além de área de trânsito da cocaína e mercado consumidor, é um país que fornece os insumos químicos para o beneficiamento da coca que é transformada em pó, pasta de base, oxi ou crack. E na Amazônia existe a presença de laboratórios clandestinos que desempenham esse papel do beneficiamento.

Os dados oficiais do Departamento de Polícia Federal e das Polícias Estaduais apontam algumas observações importantes acerca da rede do narcotráfico no Brasil. Essas observações partem das apreensões de cocaína e de produtos químicos ilegalmente comercializados e são informações disponíveis no documento apresentado em 2016 sobre o diagnóstico socioeconômico e demográfico de segurança pública nas fronteiras recomendado pelo Ministério da Justiça e organizado pelo Grupo Retis-Igeo-UFRJ.

Assim, segundo Brasil (2016, p. 536, grifo nosso):

> a) o proximidade dos países produtores de coca/pasta base/ cocaína (Peru, Bolívia, Colômbia) faz dos estados de Mato Grosso, Mato Grosso do Sul, Amazonas e Rondônia verdadeiros "corredores" de trânsito de cocaína para a costa atlântica; as operações especiais levadas a cabo pelo DPF e FF.AA. registram a presença de "laboratórios" ou "cozinhas" em território brasileiro, a começar pela faixa de fronteira, ou seja, já não se trata mais só de tráfico e sim de produção;
> b) o estado do Paraná também registra um volume grande de apreensões (cloridrato, crack), tanto em função do mercado interno como pela facilidade de exportar cocaína pelo porto de Paranaguá;
> c) as maiores apreensões foram registradas no estado de São Paulo, grande mercado distribuidor e consumidor de drogas, e fabricante de produtos químicos; neste estado está situado o porto de Santos e importantes aeroportos internacionais, o que lhe confere um papel importante como *plataforma de exportação*;
> d) os mapas sobre Apreensões de Cocaína (XII.3) e Apreensões de Produtos Químicos (XII.2) indicam uma concentração nos estados do Amazonas e São Paulo. Apesar de 'produtos químicos' abranger um largo espectro de componentes, ressalta-se que muitos deles são utilizados não só no processamento da pasta base de cocaína como também na fabricação do crack (bicarbonato, amoníaco).

Uma informação importante que a análise anterior traz é que o Amazonas se sobressai como o principal corredor da cocaína na Amazônia, e o estado de São Paulo é um importante centro consumidor e exportados para os mercados estrangeiros. Isso pode ser verificado no número de apreensões de cocaína. Esses dados também ajudam na compreensão dos conflitos pelas principais rotas da droga na Amazônia envolvendo PCC e FDN e mais recentemente o CV.

Na Amazônia, o Departamento de Polícia Federal do Brasil e a Polícia Nacional do Peru desenvolveram ações conjuntas de combate ao tráfico de drogas nas fronteiras. Essas operações foram denominadas de Operação Trapézio1, 2 e 3 ocorridas respectivamente nos anos de 2011, 2012 e 2013. Tratava-se de uma ação inserida no Plano Estratégico de Fronteiras do governo brasileiro para as faixas de fronteiras.

Em 2011, o foco principal da Operação Trapézio foi a identificação de áreas de plantio de coca e laboratórios para refino em meio a floresta amazônica. Foram destruídos 90 hectares de coca em territórios peruanos e oito laboratórios. Já em 2012, os resultados foram um pouco mais expressivos com a destruição de 12 laboratórios usados para o refino da droga e apreensão de 19 toneladas de cocaína. E por fim em 2013, foram contabilizados a apreensão de 19 toneladas de cocaína e o fechamento de oito laboratórios. Esta última operação estava concentrada na cidade de Tabatinga, no Amazonas, na divisa com a Bolívia e o Peru.

O fato é que todas estas operações tiveram como alvo a produção de cocaína em território peruano. Ou seja, o tráfico de drogas, nesse sentido, é visto então enquanto uma ameaça à segurança pública em áreas de fronteiras na Amazônia. É entendido pelo governo que a região se encontra sob este contexto do narcotráfico e submetida aos riscos da presença do crime organizado.

Com o fim da Guerra Fria (1945-1991), a vitória do capitalismo global orientado pelas aberturas dos mercados, permitiu também o fortalecimento de atividades do crime organizado que fragilizam as políticas de segurança interna de muitos países. Por isso, o crime global tornou-se essa ameaça transnacional, sobretudo devido ao grande volume de capital gerado pelo seu comércio e que se institucionaliza a partir de paraísos fiscais e sistemas de corrupção presentes nas estruturas sociopolíticas de alguns países, atribuindo um caráter institucional para o crime organizado.

A atuação do crime organizado na Amazônia estabelece assim um grau de conectividade que indica alternativas de rota, sobretudo quando baseadas apenas no desenho das redes de circulação. E assim as rotas do tráfico de drogas são uma combinação de meios de transportes, elas estão associadas, de alguma forma, aos principais pontos de conectividade onde as opções de transporte apresentam grande diversificação (NOVAES, 2003).

Para Machado (1996, p. 6): "Os circuitos ilegais podem ajudar a estabelecer o limiar, nível ou ponto de passagem que simultaneamente separa e une dois espaços soberanos". Então, essa é uma das explicações que demonstram a preocupação do governo e, segundo o Ministério da Justiça, a necessidade de ações conjuntas com os países vizinhos a exemplo do Peru.

Gráfico 1 – a seguir mostra e evolução das apreensões de cocaína (incluindo cloridrato, crack e pasta base) pela Polícia Federal (2000 a 2012)

Fonte: Brasil (2016)

O gráfico anterior buscou analisar as apreensões nos estados da fronteira do Brasil divididas em: Arco Norte (Amazonas e Roraima), Arco Central (Mato Grosso e Mato Grosso do Sul) e Arco Sul (Paraná).As tendências às apreensões em Mato Grosso e Mato Grosso do Sul deixam em discussão uma dupla interpretação: primeiro, pode indicar uma maior presença das forças de segurança do Estado que realizam um número mais significativo de operações, resultando numa alta nas interceptações e apreensões das drogas destacadas no gráfico. Segundo, isso pode ser um indicativo de que os narcotraficantes estão usando com mais frequência essas rotas e esses dois estados como portas de entrada de cocaína, destacando o crescimento do tráfico de drogas transfronteiriça nessa região.

A queda de apreensões no Amazonas e em Rondônia pode ter motivos diferentes, se desconsiderada a possibilidade de enxugamento das operações nesses dois estados: a cocaína que transita pelo Amazonas vinha principalmente da Colômbia, porém, desde meados da década de 2000, a produção de cocaína nesse país tem diminuído (embora esteja em trajetória de alta em 2014-2015).Outra questão é a reduzida apreensão de pequenos aviões pela Polícia Federal, embora seja esse um dos preferidos meios para o tráfico de cocaína na Amazônia sul-americana. Já em Rondônia, a queda das apreensões depois de 2009 é difícil de explicar, se considerada a importância da BR-364 e da bacia do Madeira-Mamoré nas redes de tráfico boliviana, e a conexão rodoviária entre Rondônia, o Acre e o Peru (BRASIL, 2016).

Essa dimensão demonstra que as redes do narcotráfico utilizam estas fronteiras para a realização do abastecimento do mercado brasileiro, ou fazem uso do território para fins de integração aos mercados globais. Portanto, os estados destacados são receptores dos fluxos de cocaína e seus derivados, onde:

> Primeiro, o maior número de apreensões em Mato Grosso e Mato Grosso do Sul confirmaria a existência nesses estados de grandes "corredores" por onde passa os maiores fluxos de tráfico, enquanto nos outros estados fronteiriços predominaria o tráfico "formiga", muito mais difícil de ser apreendido devido à multiplicidade de rotas e as pequenas quantidades traficadas. (BRASIL, 2016, p. 540).

> Segundo, se existem na atualidade duas formas de organização das redes de tráfico, qual seja, a droga em trânsito para o mercado externo passaria pelos "corredores" enquanto o tráfico "formiga" destina-se ao mercado interno é possível trabalhar com a hipótese de que ambas as formas de organização se entrelaçam em determinados lugares e de lá são redistribuídos para o mercado interno e externo. (BRASIL, 2016, p. 541).

De qualquer maneira, ocorre que as redes do tráfico de drogas estão em pleno funcionamento de suas atividades nas fronteiras brasileiras. E diante destes fatos, procurou-se dar ênfase para esta contextualização, buscando destacar o contexto amazônico. Os dispositivos geográficos das redes do tráfico de drogas estruturam circuitos espaciais que então articulam essa relação que parte dos países produtores, traçando caminhos ou rotas, fixando pontos ou bases, operando um sistema complexo de relações e de agentes que colocam em pleno funcionamento essa atividade, portanto, a Amazônia ocupa um lugar central para o mercado da cocaína no Brasil e nos mercados globais.

3.2 Cartografias das redes do narcotráfico na Amazônia: mudanças e permanecias

É difícil afirmar que todas as rotas utilizadas pelos narcotraficantes estarão aqui mapeadas, pois se trata de uma atividade dinâmica e flexível, além disso, é impossível ter uma noção exata da quantidade de cocaína ou skank que entra pela fronteira amazônica, visto que são utilizadas, como já mencionado, as mais diversas estratégias de carregamento da droga até o seu destino final. Todavia, é fato que a Amazônia representa esse importante corredor da cocaína em direção aos mercados globais. Ou mais ainda, a Amazônia é uma importante área de trânsito, considerada uma rota primária e obrigatória.

É mais compreensível analisar o mapa da droga na Amazônia fazendo uma breve avaliação do papel do Brasil para o mercado global de cocaína. As sequências de gráficos são com base em relatórios da Polícia Federal acerca das apreensões de cocaína que bateram recordes. Segundo a matéria do Jornal o Globo, no ano de 2018 foram 75 toneladas de droga aprendida no período de janeiro até o começo dezembro. Essa quantidade representou 56% a mais em relação à quantidade de droga aprendida em 2017.

Alguma lição se pode tirar destes dados: em primeiro lugar, evidencia-se que há uma fiscalização mais rigorosa em algumas partes das fronteiras, em portos, rodovias e aeroportos, o que faz parte da política de combate ao tráfico internacional de drogas no Brasil. Em segundo lugar, demonstra que o país enfrenta uma maior circulação de cocaína internamente, o que o consolida como uma área essencial para o trânsito de drogas exportadas para a Europa. E por fim não podemos esquecer que as áreas de cultivo da folha de coca vêm tendo uma crescente, destacando-se por produção: Peru, Bolívia e Colômbia, de acordo com o relatório da UNODC (2017).

Segundo Maldonado (2009), oentrelaçarda liberalização do mercado com a globalização denarcóticos, está transformando Estados-nação de maneira profunda e,às vezes,dramática. O tráfico de drogas na América Latina é, desde a sua origem, um fenômeno social transnacional, que envolve as políticas de controle das fronteiras entre países produtores e consumidores. Para Rodrigues (2002), no século 20, a cocaína se transformou em um dos símbolos das políticas de enfrentamento de governos crentes na ideia de que o seu consumo traria danos irreversíveis à pessoa.

Gráfico 2 – Apreensão de cocaína no Brasil (2012 a 2018)

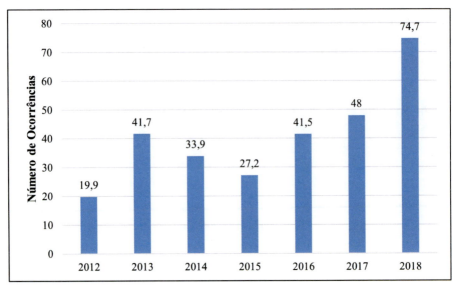

Fonte: Polícia Federal (2018)

O gráfico anterior é resultado das apreensões de cocaína no Brasil no período de 2012 a 2018. Após um período de queda que ocorre de 2013 a 2015, temos um crescimento que vai de 2015, alcançando seu maior pico em 2018. Todavia, consideramos as limitações desse gráfico, sendo preciso fazer algumas observações com o intuito de impor uma reflexão crítica acerca delas. Primeiro, pelo fato de que as informações podem estar escondendo que uma grande quantidade de cocaína pode ter entrado no Brasil de forma despercebida, caracterizando uma fragilidade nas operações de segurança pública. E segundo, o gráfico deixa nítido o aumento da quantidade de cocaína no Brasil que não é apenas em função do Brasil ser um grande corredor, mas também ter se tornado um grande mercado consumidor e isso vem fortalecendo as organizações criminosas no Brasil.

Maldonado (2009) destaca que uma das perguntas que deveriam ser feitas é porque as drogas têm adquirido tanta importância que estão redefinindo amplamente os princípios clássicos de territorialidade, segurança e soberania dos Estados-nação? O autor diz que a resposta mais recorrente defende a tese dos chamados *Estados falidos* ou colapsados. Ouseja, uma referência a pouca capacidade que eles têm para impor o Estado de direito, produto da corrupção e subdesenvolvimento.

No caso latino-americano, a idéia de *Estados deficientes* é uma das formulações que se tornou mais relevante nos últimos anos, apontando profundas deficiências temporais e espaciais das instituições sociais para reforçar a lei e a justiça. No entanto, as duas teses continuam reproduzindo uma visão neutra e clinicamente limpa da figura do Estado em relação à produção de violência e ilegalidade (MALDONADO, 2009). Países como Bolívia, Colômbia e Peru já foram incuídos na lista de *Estados deficientes* devido ao fato de enfretarem, nos anos de 1980 e 1990, problemas internos relacioandos ao narcotráfico e as guerrlhas. Esses países fazem parte da triplce fronteira com a Amazônia brasileira.

Segundo Heyman (1999 *apud* MALDONADO, 2009), a lei estadual cria suas contrapartes: zonas de ambiguidade e ilegalidade, submundos criminais, piratas, mercados clandestinos, migrantes ilegais, proteção especial etc., não são pontos a parte do Estado, mas parte substancial dele. As zonas ambíguas entre o legal e o ilegal são uma das razões pelas quais os Estados não são a totalidade que eles deveriam ser. Nunca são perfeitos, delimitados ou completos.

Vale ressaltar que,

> A tríplice fronteira entre Brasil, Peru e Colômbia se inscreve de maneira muito particular nessa dinâmica. Conforme é possível observar no discurso oficial das agências de segurança e justiça brasileiras, o Brasil não é um país produtor de cocaína, apesar de o Exército brasileiro já ter encontrado plantações na região. Malgrado ocorrências desse tipo, os operadores de segurança pública – inclui-se o Exército, que tem poder de polícia na área de fronteira – destacam que as ocorrências são esporádicas e, em geral, são pequenas plantações. Assim, a interpretação ordinária é de que a droga que chega ao Brasil é um produto exógeno, oriundo dos chamados países produtores, como Bolívia, Colômbia e Peru. (PAIVA, 2019, p. 4).

Em outras palavras, a tríplice fronteira amazônica é uma zona ambígua de legalidade e ilegalidade, onde as redes do narcotráfico atuam, segundo Paiva (2019), desde os anos de 1970. De acordo com Maldonado (2009), as margens do estado são um excelente ponto de entrada para questionar a fenômeno das drogas e da violência. Em primeiro lugar, porque o narcotráfico tem a ver com questões de território, soberania e segurança. Com frequência esquece-se que tradicionalmente produzem-se espaços e/ou processadores de drogas, o Estado contêm histórias bastante complexas e conflitantes sobre terra, água, serviços públicos, instituições etc., que excedam ou põem em causa visões técnicas a partir das quais as campanhas antidrogas são implementadas. Em segundo lugar, porque as drogas questionam as concepções tradicionais com as quais os Estados-nação foram constituídos.

Cabe aqui uma obsevação. Não deve-se mergulhar em análises que firmem uma culpabilidade pelo narcotráfico aos países da tríplce fronteira de forma que criminalize as suas populações e refocem esteriótopos e preconceitos. E para essa abordagem a conribuição de Maldonado (2009) é bastate pertinente.

> Para aprofundar essas questões, precisamos nos afastar das abordagens sensacionalistas que vêem o tráfico de drogas como um problema de crime organizado e criminalidade. A discussão nas margens do estado antes da necessidade de perguntar sobre a constituição histórica, geográfica e social da os locais ou locais onde a lei foi colonizada. É aqui que a antropologia pode fornecer uma reflexão crítica sobre o modo como certas regiões se tornam espaços transnacionais de tráfico de drogas. Precisa-se de análise profunda das formas e mecanismos em torno dos quais se estabeleceram historicamente certos territórios em ilegal, tanto local como globalmente. (MALDONADO, 2009, p. 5).

É preciso defender a ideia de uma urgência em fazer um esforço para localizar os processos que configuram o tráfico de drogas no espaço e no tempo, tentando analisar as regiões específicas onde o medicamento é produzido e/ou processado: ascondições políticas, legais e sociais que possibilitam a conversão de territórios epráticas em áreas de economia ilegal (MALDONADO, 2009).

Segundo Machado (2011), a política antidroga dos EUA, ao definir como ameaça à segurança interna do país a produção de drogas em outros países (criminalização da oferta) e constatar o fato de que a economia da droga opera por meio de redes transnacionais, só poderia ter resultado se a repressão fosse executada em todos os territórios nacionais. Esse raciocínio não caiu no vazio, os governos de muitos países já não conseguiam assegurar a segurança de seus cidadãos nem atingir as operações das redes de tráfico, basta lembrar a grande expansão da segurança privada e os *territórios sem estado* das metrópoles.

De acordo com Machado (2011), inicialmente essa situação foi associada à pobreza, não necessariamente a pobreza associada à venda de drogas, na década de 1990, o envolvimento dos negócios do tráfico com as instituições e seu poder de corrupção, a entrada de membros de todas as classes sociais na atividade. É muito comum a mídia jornalística brasileira difundir pela sociedade as narrativas que criminalizam a pobreza. Ganha força, então, os discursos preconceituosos que atribuem somente aos favelados e periféricos o crime de tráfico de drogas.

Ocorre, assim, uma indignação seletiva que atinge sobretudo uma população negra, pobre e jovem. Logo, a criminalização das drogas é também uma criminalização da pobreza e ela por si só demonstra a incapacidade da justiça e das forças de segurança de enxergarem o tráfico de drogas para além das comunidades carentes. Nesse sentido, temos uma política de combate às drogas que se fundamenta na classe social e na raça para mostrar-se eficiente. E assim o Brasil segue sua necropolítica[12] de genocídio e encarceramento.

Isso ocorre também em relação às populações dos países da tríplice fronteira, sendo comum no Brasil associarem também bolivianos, colombianos e peruanos ao tráfico de drogas. Não obstante, o narcotráfico, para adquirir um caráter transnacional, depende de bases operacionais e organizacionais sólidas e consistentes. São elas que servem como suportes para os fluxos em redes e para isso produzem necessariamente relações institucionais envolvendo políticos, agentes de segurança, juízes, dentre outros, bem como geram receitas para empresas de transportes e bancos privados. Contudo, quase sempre estas informações são silenciadas e escondem a participação de empresários e pessoas influentes no esquema. É mais fácil culpabilizar o pobre.

No campo da segurança e da defesa nacional, a Amazônia

> [...] é um dos eixos é centrais da política de defesa brasileira, a região da Amazônia a que tem menor densidade demográfica do país, com áreas urbanas muito espalhadas, pouca presença do Estado e baixo nível de infraestrutura econômica (ANDRADE; CAMARGO, 2018, p. 129).

Afirmamos aqui, que essa *pouca presença* do Estado é responsável em grande medida pelo fortalecimento de atividades criminosas na fronteira e isso serve tanto para o lado brasileiro quanto para o lado boliviano,

---

[12] O termo necropolítica foi apresentado pelo cientista político Camaronês Achille Mbembe (2004) e refere-se aos dispositivos de violência que foram criados para justificar o genocídio da população negra africana durante a colonização e imperialismo.

colombiano e peruano. O Estado, ao negligenciar a necessidade de existir ações mais efetivas no âmbito das políticas públicas, acaba por empurrar sua população para uma *integração perversa*.

Penna Filho (2015 *apud* CAMARGO; ANDRADE, 2018), destaca que a região Amazônica é um ponto fronteiriço relevante, cujas particularidades representam desafios de segurança e desenvolvimento nos níveis local, nacional e internacional. Não apenas pensar no desenvolvimento, mas fomentá-lo enquanto uma estratégia política, econômica e social, ajudaria a reduzir os níveis de desigualdades e contribuiria para coibir as atividades criminosas em redes: tráfico de drogas e de armas, contrabando, tráfico de pessoas e biopirataria.

Sobre os países da tríplice fronteira produtores de cocaína, Maldonado (2009) faz uma análise do que ele chama de economias regionais de produção de droga. De forma breve, com base neste autor, faremos uma análise sobre Bolívia, Peru e Colômbia, que são Estados nacionais que apresentam um histórico de conflitos envolvendo o tráfico de drogas como bem já destacado neste livro. E desse modo, narcotraficantes, costuram as amarras dos territórios em redes em escala regional e global.

No caso da Bolívia, segundo Maldonado (2009), a região de Chapare é um grande exemplo. Ela se constitui enquanto uma região de área de fronteira que deveria ser povoada e desde a segunda metade do século 20 o governo boliviano estimulou a migração e ofertas de apoio. Por isso a região passa por transformações relacionadas à agricultura e às drogas. Assim, esses movimentos migratórios também foram incentivados na busca de terras, visto que muitas famílias não as tinham. Todavia, a real intenção do Estado era por em prática os planos nacionais de expansão da população como forma de controlar o território boliviano e delimitar fronteiras, sob uma visão clássica de segurança.

Ocorre que a colonização não foi acompanhada pelo fornecimentode garantias para os milhares de habitantes que procuravam um lugar seguro e um espaço para vida e a subsístencia (MALDONADO, 2009). Uma ação que parte do Estado e que recorda as iniciativas do governo brasileiro para ocupar e integrar a Amazôniaao resto do país a partir dos anos de 1960. Recursos políticos que tiveram como justificativa a segurança naconal, mas que na prática a falta de apoio técnico, fineceiros e estruiturais transformaramessasáreas de fronteiras em áreas de instabilidade e conflitos sociais.

Segundo o autor, na região de Chapare houve uma expansão do plantio e cultivo de folhas de coca mesmo diante de uma suspensão internacional e da presença de forças militares que desempenharam um papel central no controle e erradicação. Para Maldonado (2009), a militarização das políticas antidrogas promovidas pelos Estados Unidos não teve os efeitos esperados para os produtores abandonarem seus campos, ao contrário, a região continuou a produzir folhas de coca para a fabricação de cocaína em condições de violência militar e humana.

Os planos que foram implementados para controlar algumasregiões produtoras levou à especialização de outras regiões, bem como à nacionalização do movimento cocalero por melhores condições de vida e apoio oficial. O que esse caso mostra é que a região de Chapare foi palco do fracasso de uma política de saúde sustentada. Não é uma região isolada ou onde a presença do estado é nula. Pelo contrário, a vocação regional para a produção de drogas foi produzida pela interconexão de ajustes estruturais, demandas internacionais de medicamentos e mudança de apoios sociais estatais pela força militar (MALDONADO, 2009).

Maldonado (2009) destaca que, da mesma forma, a região do Alto Huallaga, no Peru, aninhada na selva alta dos departamentos de Huánuco e San Martín, é constituída como território estratégico para a produção de folhas de coca a partir de processos de colonização territorial. Até duas décadas atrás, o Peru era considerado o principal produtor mundial de folhas de coca. O Alto Huallaga é formado por áreas de migração de camponeses sem terras das regiões andinas, atraídos pelas políticas de colonização dos governos reformistas dos anos 60 e 70.

Em seguida, foram violadas as políticas de prestação de serviços públicos às populações que serviu de trincheira territorial na configuração do Estado-nação. Uma vez assentados, os migrantes criaram sindicatos e distribuíram terras (o Estado concedeu pouca terra), de acordo com seus próprios padrões, eles criaram um sistema de justiça local o que facilitou o planejamento e fornecimento de suprimentos de obras públicas que maus governos os concederam. Na década de 1970, o Chapare tornou-se um espaço de cultivo de folhas de coca para a indústria da cocaína que estava sendo desenvolvidaem outras regiões, como Santa Cruz (MALDONADO, 2009).

Para Fraga (2019), é importante destacar que nos anos que enfrentou duramente o narcotráfico a Colômbia recebeu abundantes recursos dos EUA e da Comunidade Europeia, principalmente no período reconhecido como Segunda Guerra contra a máfia, quando estava em foco o Cartel de Medellín. Os financiamentos para a compra de equipamentos militares e policiais, envio de helicópteros e de assessores militares eram frutos do reconhecimento da adequação da Colômbia à política proibicionista.

As drogas surgiram como um negócio rentável para o país justamente no momento em que os seus principais produtos agrícolas tradicionais tiveram forte queda no mercado mundial e a dívida externa alcançou cifras bastante altas. A produção de maconha e cocaína se apresentou, então, como alternativa de equilíbrio da balança (NAVIA, 2002).

Segundo Fraga (2019), o mais grave no enfrentamento realizado pelo país aos cartéis de Cali e Medellín era, justamente, o fato de o tráfico deixar de ser uma delinquência comum, com reflexos regionais, para se transformar em um problema de Estado, que envolveu toda a sociedade colombiana, não se restringindo às áreas urbanas, mas alcançando também as rurais.

Para Maldonado (2009), dos 18 mil hectares calculadosqueexistiam em meados dos anos setenta, a área cultivada cresceu para 200 mil hectares. Nos anos 80, as políticas antidrogas, inspiradas nos Estados Unidos, não foram apenas incapazes de parar o crescimento, mas até parecia ter contribuído para isso. Com o governo reelecionista de Fujimori, produção e tráfico de drogas ilegais atingiram níveis alarmantes. Com a reeleição de Fujimori, acreditava-se que a luta contra o narcotráfico era umapolítica firme, enquanto os Estados Unidos a apoiaram incondicionalmente com orçamentos de centenas de milhões de dólares.

E ainda segundo a análise, no Alto Huallaga, as estratégias de erradicação aumentaram a intervenção do exército, sem negociar demandas de desenvolvimento rural alternativo contemplado dentro do mesmo orçamento. A possibilidade de reduzir aprodução e tráfico de drogas com projetos de desenvolvimento de longo prazo foi tão ilusória como no Chapare com a política de *coca-cero*. Essas duas experiências podem falarconosco sobre como a luta contra o narcotráfico está se tornando uma máscara de poderes transnacionais por trás dos Estados-nação, questionando assoberanias.

Assim, Bolívia, Colômbia e Peru, estão integrados às redes de interação espacial transfronteiriça na Amazônia brasileira, e por isso a região atende aos interesses das redes do narcotráfico e aos anseios de outras atividades criminosas organizadas que pelas fronteiras atravessam o território. A Amazônia é uma região de 5 milhões de km² e representa 59% do território brasileiro e isso nos mostra a sua imensidão e de suas fronteiras. Ela abriga apenas 12,3% da população brasileira, segundo o IBGE (2010), e isso corresponde a 20,3 milhões de habitantes. Os dados demográficos a classificam enquanto uma região pouco povoada, e, portanto, vulnerável às ações dos mais variados interesses políticos e econômicos.

O mapa a seguir (Mapa 11) descreve o funcionamento das redes hidroviárias do narcotráfico na Amazônia, evidenciando assim as conexões transfronteiriças que essas redes estabelecem entre os países andinos e o Brasil por meio da Amazônia. O rio Amazonas é um grande corredor para a fluidez da droga (cocaína e skank). Ele se conecta a outros rios promovendo uma ampla integração, por exemplo, se integra ao rio Solimões conectando as rotas que partem do Peru, mais especificamente utilizando o rio Javari e o rio Içá, mas também integrando a Colômbia por meio das cidades gêmeas de Letícia (Colômbia) e Tabatinga (Amazonas). Essa rota sobe o rio passando pelas cidades de Tefé e Fonte Boa seguindo em direção a Manaus, integrando-se ao rio Amazonas.

Também há a interação que se dá pelo rio Purus, atravessando o estado do Acre, conectando-se ao Peru e a Bolívia por meio da cidade de Assis Brasil e também seguindo em direção a Manaus. Já o rio Madeira atravessa o estado de Rondônia, conectando-se a Bolívia por meio da cidade de Guajará Mirim e pelo rio Abunã chega até a cidade de La Paz.

O rio Juruá também é importante rota que parte do Peru através da cidade de Porto Valter, seguindo em direção ao rio Amazonas. Todavia o rio Japurá é rota que recebe cocaína, skank e maconha em território brasileiro, pois essa rota segue em direção ao rio Solimões, tendo como destino a cidade de Manaus, que representa um grande distribuidor. Ainda no estado do Amazonas, ocorre a conexão rio Uaupés na Colômbia até o rio Negro no Brasil e o rio Branco no Acre por meio da cidade de Pacaraima até a cidade de Manaus. Ou seja, o Amazonas é a grande porta de entrada das drogas e a capital Manaus, o grande centro distribuidor.

Destaca-se também, a partir dessas rotas, o estado do Pará, que é a grande área de trânsito da droga em direção aos mercados nacionais e internacionais, visto que, por meio do rio Amazonas, as redes integram a cidade de Santarém, mas o destino da droga é a capital Belém. Pelo rio Amazonas, há também uma integração pela região do Xingu através da cidade de Altamira, que se tornou um grande entreposto da droga com a presença das facções criminosas. Por fim, a rede se completa por meio da conexão rio Amazonas e rio Tocantins através das cidades de Cametá, Abaetetuba, Barcarena, Mojú e Igarapé Miri, contudo, Belém e Barcarena se destacam como importantes pontos de distribuição da droga em direção à Europa.

Mapa 11 – Redes hidroviárias do narcotráfico na Amazônia (2020)

Fonte: Grupo Terra/Uepa/FBSP (2021)

Enquanto que o estado do Amazonas é extremamente importante para as rotas do tráfico de drogas que utilizam os rios, nos estados, do Amapá, Maranhão, Mato Grosso, Pará, Rondônia e Tocantins, as rodovias cumprem essa funcionalidade no que diz respeito à interação espacial dos fluxos de droga na Amazônia. Pela rodovia Cuiabá-Porto Velho se dá a relação que liga as redes que partem da Bolívia na região de fronteira com o estado de Rondônia e a interação que liga o Mato Grosso a Oeste do Pará por meio da BR-163 (Cuiabá-Santarém), que se integra à rodovia Transamazônica, rio Amazonas, rio Tapajós e rio Xingu.

No estado do Pará, há as interações que ocorrem a partir da Transamazônica, saindo de Santarém em direção a Belém e região nordeste do Pará, e também se tem a integração por meio das rodovias Belém-Brasília, Pará-Maranhão e Transcametá em direção à região Sul, Sudeste e Centro-Oeste do Brasil, além de expandir as rotas para o nordeste a partir do estado do Maranhão.

O que se observa é que a Amazônia Oriental está muito mais integrada em relação às rotas rodoviárias, enquanto que na Amazônia Ocidental prevalecem as rotas hidroviárias. Porém, existem momentos de conectividade entre ambos os meios de transporte transformando-os em meios multimodais aproveitados pelas redes do narcotráfico.

Para completar essa análise detalhada de cada meio de transporte utilizado pelas organizações do narcotráfico o Mapa 12 faz a análise das rotas aeroviárias onde narcotraficantes pagam pilotos de pequenas aeronaves que se encarregam de transportar a cocaína, seja atravessando as fronteiras com voos baixos, seja abastecendo as aeronaves já em território brasileiro para dar prosseguimento do transporte em direção as outras regiões.

As redes aeroviárias não estão restritas apenas aos espaços clandestinos camuflados em meio à floresta, já que existem na Amazônia pistas de pouso privadas com autorização para funcionamento e também se utilizam as pistas de pouso dos aeroportos das capitais, a exemplo do aeroporto de Manaus e Belém. As relações de conectividade que envolve esses fluxos aeroviários dão destaque para o estado do Amazonas, que concentra com mais intensidade esses fluxos que atravessam o Mato Grosso em direção à região Sudeste. E no caso do estado do Pará, há uma conexão com os mercados internacionais completando então as redes de fluxos da droga na Amazônia Legal.

Mapa 12 – Redes aeroviárias do narcotráfico na Amazônia (2020)

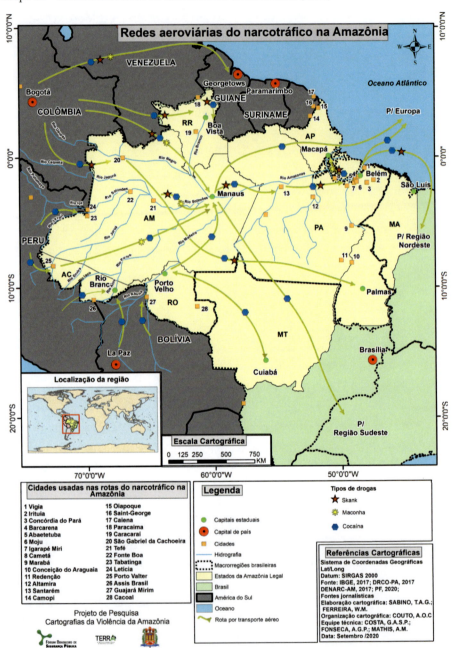

Fonte: FBSP/Grupo Terra (2020)

Mapa 13 – Redes rodoviárias do narcotráfico na Amazônia (2020)

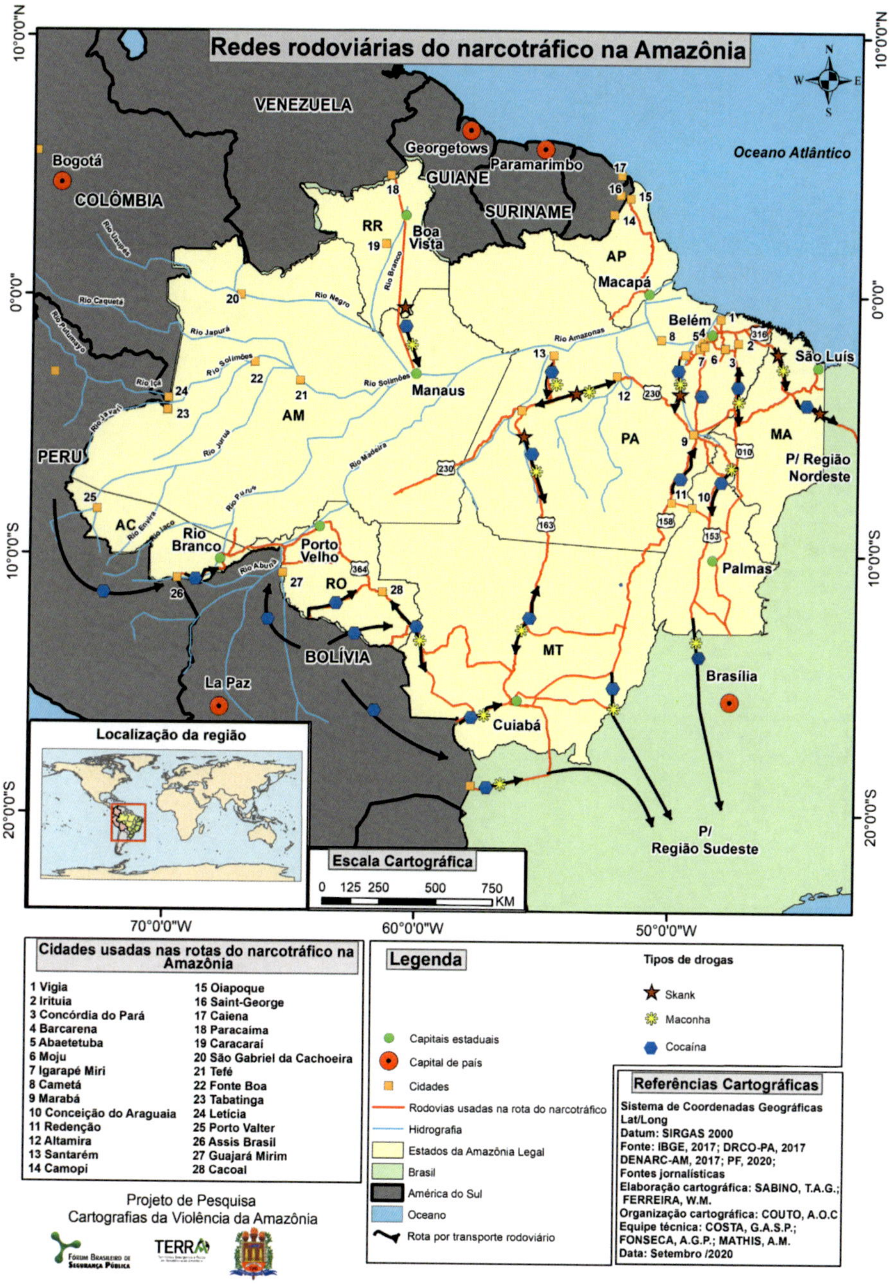

Fonte: Grupo Terra/Uepa/FBSP (2021)

Mapa 14 – Redes e fluxos do narcotráfico na Amazônia (2020)

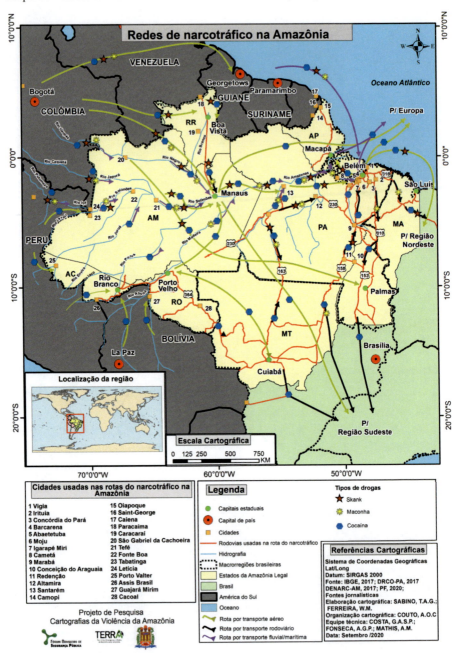

Fonte: Grupo Terra/Uepa/FBSP (2021)

O Mapa 13 enfatiza as redes rodoviárias do narcotráfico, percebe-se que o maior fluxo está no sudeste do Pará, oeste do Maranhão e norte do Tocantins. A BR-163 (Cuiabá-Santarém) é uma importante rota que integra o Norte ao Centro Oeste. E a rodovia Porto Velho, em Rondônia, até o Acre também corresponde a um importante corredor de entrada de cocaína, haxixe e maconha que tem origem boliviana. Por fim, o Mapa 14 vai reunir todas essas formas de transporte da droga na Amazônia. Rios e aerovias integradas aos portos, trapiches, terminais e aeroportos envolvendo várias cidades da Amazônia. Com efeito, cidades e vias de transporte interagindo formam uma interação socioespacial transfronteiriça, destacando assim o papel da Amazônia para a geografia das redes do narcotráfico.

As redes do narcotráfico em funcionamento explicam em grande medida a chegada de facções do crime organizado na região, como também explicam o surgimento e crescimento de facções regionais, com destaque para os grupos regionais Família Do Norte (FDN) do Amazonas e Comando Classe A (CCA) do Pará, e mais os grupos nacionais como o Comando Vermelho (CV), do Rio de Janeiro, e o Primeiro Comando da Capital (PCC), de São Paulo.

Os efeitos dessas relações são extremamente complexos, pois conectam várias modalidades de crimes que se integram ao narcotráfico, dentre esses ilícitos temos os crimes ambientais, ou mais ainda, o tráfico de pessoas e a exploração sexual, o contrabando de armas e a lavagem de dinheiro. É por esses motivos que a agenda de segurança pública para a Amazônia deve ser pensada a partir dessas múltiplas dimensões do crime organizado e da violência que ele tem gerado.

3.3 A interiorização das facções criminosas na Amazônia

Este último subcapítulo tratará da chegada das facções criminosas do Sudeste à região, também aborda-se sobre a presença das facções locais e regionais que surgiram nesse contexto dinâmico do narcotráfico e que vem servindo de apoio para que grupos cariocas e paulistas criassem bases operacionais na Amazônia. As cidades de Belém e Manaus que se constituem como duas importantes metrópoles regionais que historicamente sofrem com problemas de violência urbana relacionadas à presença de gangues, grupos de extermínio e tráfico de drogas.

Com o crescimento do tráfico de cocaína na Amazônia, essas duas metrópoles ficaram em evidência nas disputas pelo controle do mercado da droga, pois elas constituem duas importantes e principais *cidades-nós* da interação espacial das redes na região, e como já dito, o estado do Amazonas e o estado do Pará são as duas áreas geográficas mais importantes para a fluidez da droga em direção aos mercados nacionais e globais, por isso que grupos regionais do tráfico de drogas começaram a se organizar para controlarem as principais rotas de distribuição da cocaína e outros ilícitos na região.

De acordo com Couto (2022), no Amazonas, em 2007, surgiu a Família Do Norte (FDN) facção regional nascida dentro do sistema penitenciário, exercendo influência na região Norte do país. Essa facção passou a dominar a principal rota de entrada de cocaína na Amazônia, conhecida como rota do rio Solimões, de interesse do Primeiro Comando da Capital (PCC), por exemplo. A FDN além de controlar essa importante rota que conecta a tríplice fronteira do Brasil, Colômbia e Peru, também desenvolveu outras economias do crime, como o tráfico de armas.

No passado até por volta do ano de 2017, a FDN era aliada do Comando Vermelho (CV), porém hoje os grupos são rivais e este último entrou em Manaus e passou a disputar influência com o primeiro. Hoje Manaus é dominada pelo CV, depois de uma longa guerra entre essas duas facções. O fim da união e o início dos conflitos entre a FDN e o CV se dá quando, em 2017, integrantes da FDN tentam dividir as áreas de influência do mercado da droga em Manaus, surgindo então a *FDN pura*, que foi forçada a se unir com o CV, que já controlava as rotas do tráfico de drogas da Colômbia, o que ampliou a sua influência na região. Assim os dois grupos FDN e CV passaram a disputar o controle do mercado e das rotas da droga em Manaus e no resto do estado do Amazonas (COUTO, 2022).

No Pará, também no ano de 2017, houve a criação do Primeiro Comando do Norte (PCN), facção aliada do PCC paulista, que surgiu como estratégia deste para ampliar sua influência dentro do sistema penitenciário da região Norte, ao mesmo tempo, buscava controlar as rotas do narcotráfico em Altamira e Marabá. Devido à prisão de vários membros do PCN, a facção teve pouco tempo de duração e logo foi diluída, mas em 2017, no sistema penitenciário de Altamira no pavilhão A, surge o Comando Classe A (CCA) que se tornou aliado e uma espécie de braço do PCC na região, o CCA representa a união: CCA, Bonde dos 13(B13), Ifara, Família Terror do Amapá e Primeiro Comando da Capital. Essas siglas mostram a conexão das facções dos estados do Acre, Amapá, Pará e São Paulo.

Também podemos apontar mais dois grupos que atuam no Pará, a Primeira Guerrilha do Norte (PGN), pequena facção que surge no interior do estado na região da Colônia do Prata, no município de Igarapé Mirim, no nordeste do Pará, aliada ao PCC e a Equipe Rex no bairro da Terra Firme, periferia de Belém. No caso da Equipe Rex, assim como de outros pequenos grupos de expressão local, houve a integração deles ao Comando Vermelho, que hoje tem grande influência na Região Metropolitana de Belém. O Mapa 15 a seguir traz a distribuição espacial das facções criminosas nos estados da Amazônia e nos países vizinhos que compõem a Pan-Amazônia.

Mapa 15 – Organizações criminosas em países fronteiriços da Amazônia (2021)

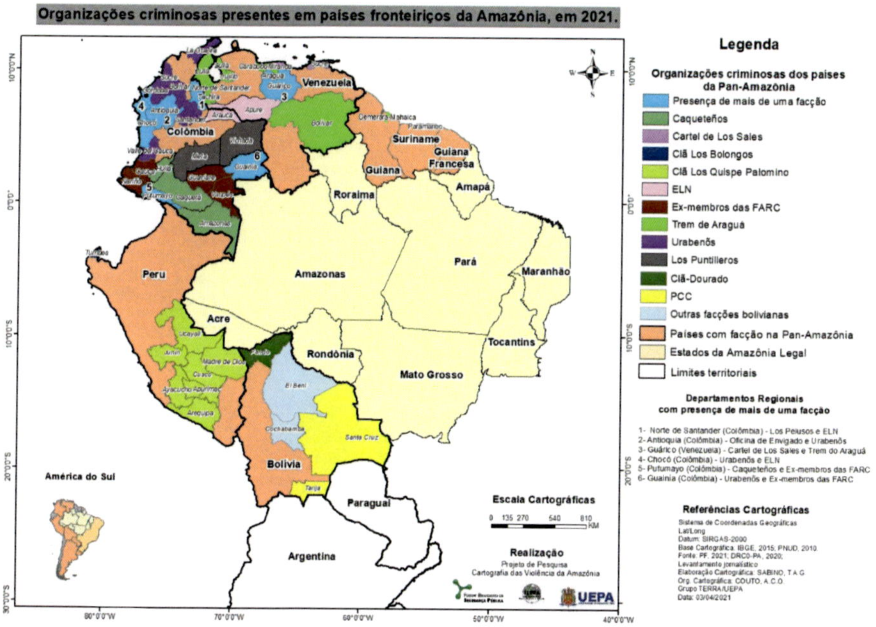

Fonte: Grupo Terra/Uepa/FBSP (2021)

Mapa 16 – Facções do narcotráfico na Pan-Amazônia (2021)

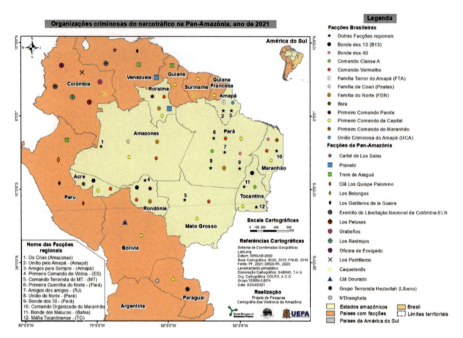

Fonte: Grupo Terra/Uepa/FBSP (2021)

As facções criminosas do Brasil também criam articulações com grupos criminosos dos países da América do Sul, como se percebe no mapa anterior (Mapa 15), a Amazônia é cercada por essas facções e estas criam estratégias em conjunto para que a mercadoria ilícita possa entrar pelas fronteiras do Brasil, alcançando assim os principais mercados. E desse modo as facções brasileiras dependem de tais relações para receberem as drogas e colocarem em pleno funcionamento a venda de cocaína, ecstasy e skank no mercado interno e nas transações que envolvem o mercado global.

O Mapa 16 dá ênfase à distribuição espacial das facções criminosas na região da América do Sul com destaque para os países que fazem fronteira com a Amazônia Legal. Percebe-se, que no caso da região amazônica, existem vários grupos que atuam em seus estados, onde se tem a presença de facções locais, regionais e nacionais que disputam suas respectivas áreas de influência.

A análise de cada estado nos permite a seguinte interpretação:

a. No Acre, quatro grupos atuam para terem o controle da entrada da droga pelas fronteiras com o Peru, destacando-se: Comando Classe A (CCA), Primeiro Comando da Capital (PCC), Irmandade, Força Ativa e Responsabilidade Acreana (Ifara) e Bonde dos 13 (B13).

b. No Amazonas, estado onde surgiu a Família do Norte (FDN), hoje temos a FDN, o CV e o PCC que disputa o controle da rota pelo rio Solimões. Além disso, há facções locais como "os Crias" e grupos de piratas que interceptam a droga pelos rios na região de Coari, trata-se da Família do Coari, deixando ainda mais complexos os conflitos entre facções nesse estado, sobretudo, na região da tríplice fronteira (Brasil, Colômbia e Peru) que se constitui enquanto o principal corredor de cocaína em território brasileiro.

c. No Amapá, há um destaque para duas facções locais, a União Criminosa do Amapá (UCA) e a Família Terror do Amapá (FTA), sendo esta última aliada ao PCC. Essa região é estratégica para o tráfico de drogas que passam pelo Amapá em direção às Guianas e o Suriname, bem como destaca-se pelo contrabando e tráfico de pessoas.

d. No Mato Grosso, temos o CV, o PCC e o B13. Nesse estado, a disputa está entorno do fornecimento de cocaína de origem boliviana e maconha de origem paraguaia.

e. No Maranhão, temos pelo menos quatro principais facções criminosas atuando nesse estado: o Bonde dos 40 (B40), o Primeiro Comando do Maranhão (PCM), o PCC e o CV. Há uma disputa que perpassa, sobretudo por dentro do sistema carcerário no estado do Maranhão, disputas que envolvem principalmente o PCC e seus aliados versus CV e seus aliados.

f. No Pará, temos evidências da presença do CV que é predominante na região metropolitana de Belém e do PCC, que estabeleceu células em algumas cidades do interior. Mas há também, facções do estado como o CCA, FDN e pequenas facções locais, mas com grande influência em unidades prisionais, a exemplo da Equipe Rex. Por fim, há também o B40, grupo que surgiu na região Nordeste no estado do Ceará que atua na Amazônia a partir do Pará.

g. Em Roraima, existem facções como o CV, a FDN, o PCC e o Primeiro Comando Panda (PCP) destacando-se também a presença de grupos criminosos da Venezuela a exemplo do Pranato, ou seja, uma facção com atuação na região Sudeste desse país, nas fronteiras com as Guianas e com o estado de Roraima. Fica então perceptível, a conexão que parte dessa região em direção ao pacífico cortando as Guianas, o Suriname e o Amapá no Brasil para abastecer de mercadorias ilegais a Europa e o mercado brasileiro.

h. Em Rondônia, temos facções criminosas que disputam comércio da droga na fronteira com a Bolívia, portanto, há evidências da presença do PCP, CV, FDN e B13. Essa região é extremamente estratégica para a entrada de cocaína de origem boliviana e peruana que atravessam o estado do Mato Grosso em direção à região Sul e Sudeste.

i. Finalmente, o estado do Tocantins, que representa essa integração da região Centro Sul do Brasil com a Amazônia, conta com a presença do PCC, do CCA, B13 e algumas pequenas facções locais. Nesse estado há uma forte influência do PCC dentro dos presídios, o que facilitou para que os grupos locais estabelecessem uma relação que deu condições para o grupo paulista atuar na região.

Como se verificou, existem variedades de grupos ou facções criminosas na Amazônia e é impossível não relacionarmos a chegada de facções do Sudeste, bem como o crescimento de facções locais e regionais com essa integração espacial em redes do mercado da droga. Nestes termos, cartéis colombianos, mexicanos, facções dos países andinos e grupos do crime organizado do Brasil constituem uma rede de relações que resultam dos recursos financeiros gerados pelo tráfico internacional de drogas.

Os mapas a seguir (Mapa 17 e Mapa 18) darão ênfase para as informações que destacam a chegada à Amazônia das duas principais facções criminosas do Brasil (CV e PCC). Elas surgem na região Sudeste e expandem suas influências para outros estados do Brasil, a exemplo dos estados da região Norte ou da Amazônia Legal. Até o momento desta pesquisa, com exceção do Amapá, todos os outros estados da Amazônia têm a presença do CV e do PCC, destacando então a disputa que há entre essas duas facções pelo controle das principais rotas de transporte da cocaína.

É obvio que a chegada do CV e do PCC nos estados da Amazônia direcionam-se para alguns municípios que ora detém a presença de um, ora detém a presença do outro, são relações dinâmicas que podem mudar as estruturas de poder. E em alguns casos, há a presença das duas facções que disputam o controle dos territórios e suas áreas de influência.

No Mapa 17, as áreas em vermelho representam os municípios com a presença do CV, já as áreas em amarelo representam a presença do PCC, porém as áreas preenchidas com as duas cores são os municípios em que há disputa desses dois grupos, e se verifica que o Mato Grosso e o Pará são os dois estados que mais manifestam esses conflitos.

Mapa 17 — Expansão das facções PCC e CV nos estados da Amazônia Legal

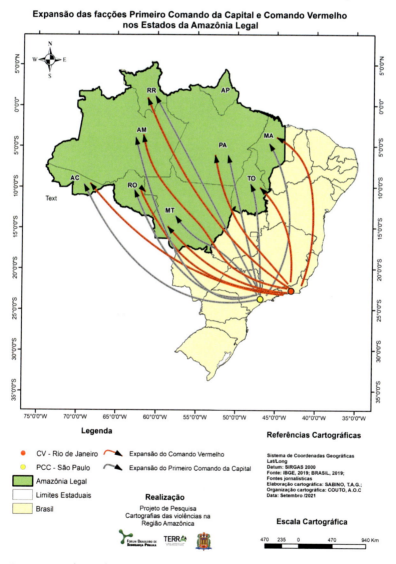

Fonte: Grupo Terra/Uepa/FBSP (2021)

Mapa 18 — Expansão das facções PCC e CV na Amazônia Legal

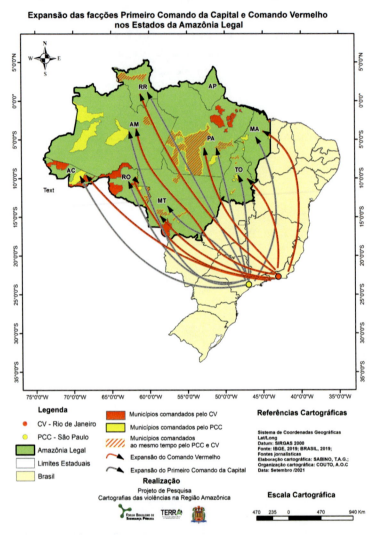

Fonte: Grupo Terra/Uepa/FBSP (2021)

O Mapa 19, a seguir, traz a representação espacial das facções criminosas na Amazônia Legal no ano de 2021, e a atuação delas está por município dos estados da Amazônia. Logo, tem-se a seguinte análise proposta a partir das informações georreferenciadas no mapa a seguir:

a. No Acre, temos o CV e a Ifara atuando na cidade de Cruzeiro do Sul e B13 e CV presentes na capital Rio Branco.

b. Em Rondônia, tem-se CV e Primeiro Comando Panda, na cidade de Porto Velho, CV e CCA, em Guajará Mirim, CV e PCC, em Ji-Paraná e finalmente, CV e PCC, na cidade de Vilhena.

c. No Amazonas, CV, FDN e PCC disputam a cidade de Manaus, já a Família do Coari e o PCC estão presentes na cidade de Coari e em seu entorno, ou seja, região da chamada rota do Solimões, além disso, FDN e Família do Coari estão em Tefé e FDN e PCC disputam as cidades de Japurá.

d. Em Roraima, CV e PCC estão no município de Alto Alegre, enquanto que na capital CV, PCC e Primeiro Comando Panda dividem os espaços da cidade de Boa Vista e finalmente, PCC e Trem do Araguá atuam na cidade de Pacaraima;

e. No Pará, CV, PCC e CCA estão na cidade de Itaituba, em Santarém estão CV e PCC, já em Altamira, estão CV, PCC e CCA, em Marabá tem a presença de CV e PCC, enquanto que em Parauapebas CV e PCC disputam áreas de influência, por fim CV, Equipe Rex e Al Quaeda estão presentes na capital Belém e CV e GDA estão em Ananindeua, município da Região Metropolitana.

f. No Tocantins, CV e PCC estão em Gurupi, Palmas e Araguaína, o que demonstra uma disputa acirrada pelo controle das rotas do tráfico de drogas que passam por esse estado.

g. No Amapá, Família Terror do Amapá e União Criminosa do Amapá, que são facções dessa região, dividem suas respectivas áreas de influência para atender as demandas do tráfico de drogas e con-trabando com os países da fronteira.

h. No Maranhão, a cidade de Imperatriz conta coma presença do CV e do PCC, assim como elas estão presentes também na cidade de Codó. E B40, PCM e CV situam-se na capital São Luís.

i. E finalizando a análise, tem-se CV e PCC nas cidades de Alta Floresta, Tangará da Serra e Rosário Oeste, ou seja, outro estado com uma acirrada disputa entre as duas facções do Sudeste.

O Mapa19 logo em seguida traz a representação cartográfica da presença dessas facções em municípios dos estados brasileiros e distritos regionais dos países da América do Sul que fazem fronteira com a Amazônia. O que é interessante nessa análise é perceber o quanto que na Colômbia existem ainda grupos que disputam a hegemonia do mercado de cocaína. De qualquer forma, se observa que nesses países destacados a presença de mais de um grupo demonstra uma disputa geográfica pelo controle da produção, do beneficiamento e do transporte de drogas em direção aos Estados Unidos, Brasil e Europa. O mapa destacado coloca em pauta um debate acerca da geografia das facções criminosas na Amazônia e nos países fronteiriços, destacando o quanto é complexa e dinâmica as relações do mercado da droga.

Mapa 19 – Facções em municípios da Amazônia Legal (2021)

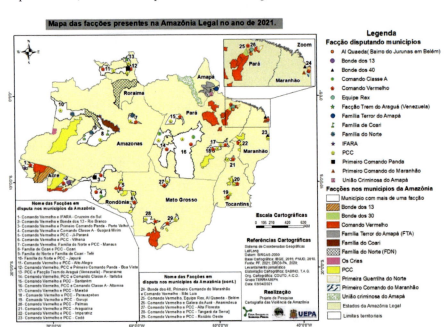

Fonte: Grupo Terra/Uepa/FBSP (2021)

Mapa 20 – Facções em municípios e estados da Pan-Amazônia (2021)

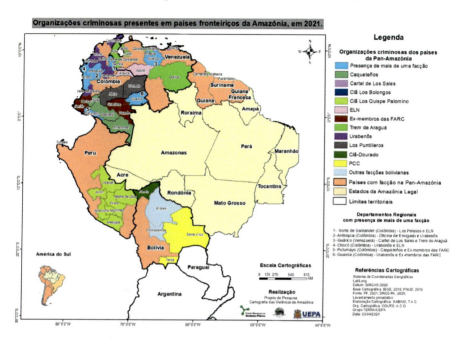

Fonte: Grupo Terra/Uepa/FBSP (2021)

O Mapa 20 enfatiza não apenas as facções criminosas presentes na Amazônia, mas também aponta as facções que estão em territórios dos países vizinhos, ou seja, aqueles que fazem parte da Pan-amazônia ou Amazônia Internacional[13]. Nesse caso, o que há de fato é uma geopolítica movimentada pela economia do narcotráfico, portanto, trata-se de um tipo de organização que impacta no cotidiano das populações amazonidas.

São dois problemas que vem se agravando na Amazônia nestas últimas décadas: o narcotráfico e o crescimento da presença de facções criminosas. É relevante que a primeira evidencia a Amazônia como um forte corredor geográfico de transporte de cocaína de origem andina para o Brasil, Europa e África; e a segunda é um fenômeno recente que mostra o interesse de grupos ligados ao crime organizado em estabelecer conexões com as cidades da região com o interesse pelo controle das principais rotas do narcotráfico na Amazônia.

---

[13] Essa definição se dá a partir dos países da América do Sul que em seus territórios tem a presença da floresta amazônica tais como: Brasil, Bolívia, Colômbia, Equador, Peru, Venezuela, além das Guinas e do Suriname que são protetorados da Inglaterra, França e Holanda.

Temos assim uma organização espacial em redes em que cidades se transformam em nós que, conectadas por pistas de pouso, aeroportos, estradas e rios, firmam uma estrutura muito bem arquitetada pela economia do crime, tendo como objetivo dar fluidez para as mercadorias ilícitas que entram ou são extraídas da própria região. Existe uma multiplicidade de atividades ilícitas que configuram zonas de instabilidade social e de conflitos que contribuem para a elevação dos dados referentes à violência.

Além disso, existem questões que envolvem o narcotráfico e os mais variados tipos de crimes ambientais. Há, também, problemas relacionados à migração e ao surgimento de facções do crime organizado que se instalam em áreas estratégicas, controlando e disputando rotas importantes do tráfico de drogas, além de adentrar em territórios indígenas e ribeirinhos.

Os dados do Anuário Estatístico da Violência (2022) demonstram que é possível visualizar um aumento considerável da violência na Amazônia, sobretudo considerando as mortes violentas intencionais, diretamente relacionadas aos processos que se conectam aos mais variados tipos de crimes, com destaque para a relação entre o tráfico de drogas e os crimes ambientais, bem como o crescimento de facções do crime organizado na região. Ressalta-se que na zona rural as mortes violentas têm relação principalmente com os conflitos fundiários, já nas cidades elas estão muito associadas à presença do tráfico de drogas, tornando a média da violência na região muito superior ao padrão verificado no Brasil como um todo — em 2021, houve queda de 6,5% na taxa de MVI no Brasil; a Região Norte, com estados que integram a Amazônia Legal, apresentou crescimento de 7,9%.

Assim, a taxa de mortes violentas intencionais nos municípios da região amazônica chegou a 30,9 por grupo de 100 mil habitantes no ano passado, 38,6% superior à média nacional, que foi de 22,3 por 100 mil. A taxa de violência letal nos municípios da Amazônia Legal se mostrou superior à média nacional nos municípios rurais, intermediários e urbanos, demonstrando um padrão de excessiva violência em toda a região.

A dinâmica do crime organizado na Amazônia ultrapassa as fronteiras territoriais do estado brasileiro, tendo, assim, um caráter transnacional. Essa transnacionalidade do crime envolve as relações em redes de facções nacionais e internacionais que operam na América do Sul criando, desse modo, uma complexa e completa estrutura organizacional de atividades ilícitas. O crime organizado na região amazônica nos últimos anos vem tornando-se cada vez mais presente, atuando em várias escalas e em várias atividades que chegam a confundir o conceito de legal e ilegal.

Pode-se dizer que, há bastante tempo, a região Amazônica vem enfrentando problemas relacionados a instabilidade social e política em torno de suas fronteiras. A fronteira é entendida como o lugar de encontro e de desencontros, o lugar de trocas culturais e simbólicas, mas é também o lugar da tensão e dos conflitos. Partindo desse pressuposto, a fronteira Amazônica, sobretudo nos limites com a Bolívia, Colômbia e do Peru, se constitui enquanto uma zona de instabilidade em relação a segurança regional, pois por essa região tem-se uma integração e conexão das redes ilegais do tráfico de cocaína, em que essas redes são produzidas a partir da interação espacial que envolve os rios e as cidades da região.

É diante desse contexto que as facções do crime organizado que atuam no Brasil passaram a enxergar a Amazônia enquanto uma região estratégica para a geopolítica do narcotráfico, que é constituída por essa relação transfronteiriça que envolve múltiplos agentes, cada um com sua função especifica no universo do crime. Facções da região sudeste do Brasil, a exemplo do Comando Vermelho, originaria do Rio de Janeiro, e do Primeiro Comando da Capital (PCC), proveniente de São Paulo, passaram então a ter interesses em atuar nas áreas de fronteira, bem como em cidades consideradas importantes para a fluidez da droga.

O interesse destas facções está relacionado à busca pelo controle das principais rotas do tráfico de drogas na Amazônia. Todavia, algumas facções locais compreenderam melhor os mecanismos de funcionamento das redes ilegais através da Amazônia e, dessa forma, o estado do Amazonas e o estado do Para, considerados como os grandes *corredores* de circulação de mercadorias ilícitas (drogas, madeiras e minérios contrabandeados) tornaram-se o lócus de surgimento de grupos criminosos regionalizados, tais como Família do Norte (FDN-AM) e Comando Classe A (CCA-PA).

Ainda segundo o Anuário Estatístico da Violência (2022), dos 30 municípios brasileiros com taxas de mortes violentas intencionais superiores a 100 mortes para cada grupo de 100 mil habitantes, 10 delas estão localizadas na Amazônia Legal. Além disso, 11 são municípios rurais, com pequenas populações que sofrem com a violência letal. A taxa foi calculada para o período 2019-2021. O estado do Pará destaca-se por ter sete municípios nesse quadro: Jacareacanga, Floresta do Araguaia, Cumarú do Norte, Anapú, Senador José Porfírio, Novo Progresso e Bannach.

O estado do Pará, a partir da cidade de Altamira, se destaca com uma grande área de trânsito em que rios, estradas e aeroportos particulares são utilizados por narcotraficantes para transportar a cocaína. Em especial

Altamira, que se tornou uma área de disputa entre facções rivais com a chegada do Comando Vermelho, rival do CCA. Assim, a complexidade que se estabelece na Amazônia envolve uma rede de criminosos que estão relacionados tanto ao narcotráfico quanto aos crimes ambientais, e essa dinâmica fragiliza as políticas de segurança pública, afetando negativamente os povos da floresta que estão expostos a uma dinâmica de violência. O seu enfrentamento, portanto, deve perpassar pelo enfrentamento ao crime organizado e deve considerar as especificidades locais da região, a qual está sendo alvo de disputa.

Por fim, cabe aqui uma observação importante para que não se caia no risco de acreditar que o contexto aqui descrito está longe de uma reconfiguração ou alteração, pois a dinâmica de organização e movimentação das facções criminosas é muito complexa e bastante volátil, o que significa dizer que mudanças podem ocorrer na distribuição espacial destes grupos, em que há uma disputa entre grupos associada ao controle dos territórios o que tem levado a inúmeros conflitos nas periferias das cidades da Amazônia e dentro do cárcere ou sistema penitenciário, bem como nas áreas rurais dos municípios.

CONSIDERAÇÕES FINAIS

Como visto, o narcotráfico na Amazônia brasileira impõe uma lógica de organização em redes. Essas redes do tráfico de drogas têm como característica suas relações multiescalares de *fora para dentro* do território brasileiro, ultrapassando as fronteiras nacionais, tendo como pontos de articulação parte dos países da Comunidade Andina (Bolívia, Colômbia e Peru). Paralelamente a isso, tais redes ilegais estabelecem relações de *dentro para fora* e isso diz respeito às conexões em direção aos mercados da Europa e África.

É pelas fronteiras do espaço regional que cartéis do narcotráfico fazem uso de estradas, aerovias e rios, que são utilizados como corredores de transporte da cocaína ou do Skank. Assim, cidades que estão sobre essas rotas transformam-se em nós ou pontos das redes que coordenam a produção, a distribuição e o consumo da droga. Assim, todas as estratégias necessárias são criadas para que a cocaína chegue ao seu destino.

As redes do narcotráfico na Amazônia criaram uma estrutura espacial e organizacional, a qual fragiliza as questões de vigilância e controle das fronteiras da região. Essa estrutura é resultado de um mecanismo de controle em redes que inseriu várias cidades, as quais promovem a interação dos fluxos de cocaína principalmente. As implicações políticas, econômicas, sociais e até mesmo culturais devem ser analisadas por múltiplos olhares, os quais apontam não apenas os resultados negativos, mas tragam, sobretudo, reflexões importantes no âmbito do desenrolamento regional e na elaboração de políticas públicas.

O que está escrito neste pequeno livro é apenas parte de uma extensa pesquisa realizada na Amazônia, tendo como objeto de investigação o crime organizado e suas múltiplas conexões na região. O narcotráfico é uma modalidade de atividade criminosa altamente estruturada e com um forte poder econômico que lhe dá condições de impor e construir sua própria geopolítica. Isso significa dizer que a discussão aqui não encerra o tema ou as possibilidades de várias explicações sobre o fenômeno em destaque nesta obra. Também não se buscou fazer uma reflexão teórica sobre a geopolítica, buscou-se muito mais elucidar geopolítica do narcotráfico estabelecida pelas suas estratégias de expansão e controle das redes em várias escalas.

Tem-se então, a construção de uma geopolítica ou geografia econômica do narcotráfico na América, tendo a cocaína como principal droga comercializada no mundo. Para isso, as redes geográficas do tráfico de drogas acabam por envolver cidades e canais de comunicação e de transportes que passam a fazer parte da estrutura espacial do crime organizado. Foi problematizado aqui ideia de que o narcotráfico há algum tempo vem sendo objeto de investigação científica das ciências sociais, porém, faltam mais estudos direcionados para a compreensão das redes ilegais na Amazônia, de forma que possamos compreender essa multiplicidade de relações que se estabelecem a partir das fronteiras.

Dessa maneira, foi necessário trazer um breve debate sobre as fronteiras, tanto a definição do seu significado quanto o seu caráter conflitivo, por ser de interesse da segurança ao mesmo tempo em que é de interesse das redes criminosas. E no caso da Amazônia, destacam-se, como aqui colocado, as relações transfronteiriças que são instituídas por laços entre criminosos do Brasil e da Comunidade Andina, mais precisamente Bolívia, Colômbia e Peru. O livro reorganiza os mapas temáticos destacando o Arco Norte, as faixas de fronteiras e apreensão de drogas, pois a ideia foi enfatizar as rotas que pela Amazônia vinham sendo construídas.

Para que o leitor possa visualizar melhor as informações contidas nos textos do livro, a obra apresenta um conjunto de mapas temáticos que apontam para os desenhos geográficos do crime organizado. Os mapas enfatizaram desde o papel da Amazônia para o narcotráfico internacional e nacional até as relações em redes que se estabelecem pelas fronteiras com os países vizinhos, dando assim essa característica transnacional para as facções do crime organizado.

Então, o livro deixa evidente que muitas rotas antigas, ou seja, aquelas criadas desde os anos de 1980 pela Bacia Amazônica, ainda continuam em funcionamento, e o tráfico de drogas continua a opera por estas rotas. Mas, com o aumento do mercado da droga no Brasil e com maior vigilância sobre outras rotas presentes no Sul e Sudeste, houve uma mudança no mapa das redes do narcotráfico na Amazônia. Significa então que novas rotas foram criadas e mais municípios foram inseridos nessas redes, o que torna muito mais complexa a analise dessa temática.

Por ser uma região imensa, e em boa parte com acessos remotos, os desafios são enormes em relação ao monitoramento e combate ao narcotráfico na Amazônia. Todavia, isso expõe a facilidade que as facções encontraram para atuar em função de décadas de precariedades nas relações do Estado com as populações amazonidas. Em algumas porções da região, sobretudo na região da Amazônia Ocidental, que tem pouca presença dos sistemas técnicos, a população sente-se esquecida por parte do Estado brasileiro, e nesse sentido, o estado do Amazonas tornou-se a grande porta de entrada da droga. Já na Amazônia Oriental, o estado do Pará é o grande corredor do trânsito da droga.

Os dois estados citados anteriormente se constituem enquanto aqueles mais estratégicos para o funcionamento da estrutura espacial do narcotráfico na Amazônia, mas as facções criminosas hoje estão estrategicamente distribuídas por vários estados que compõe a região. Esse papel que a Amazônia desempenha para o mercado da droga é o grande atrativo, ou seja, a necessidade de estabelecer contato com os grupos organizados do crime em países da fronteira e a busca pelo controle das principais rotas que partem da Bolívia, da Colômbia e do Peru.

A chegada de facções criminosos do Sudeste, como o Comando Vermelho (CV) e o Primeiro Comando da Capital (PCC), bem como o surgimento de facções locais e regionais (a exemplo de Família do Norte, Comando Classe A e Os Crias) demostram bem o papel central que a Amazônia tem para a dinâmica do narcotráfico. Por fim, essa dimensão geoestratégica que se atribuiu a Amazônia é hoje o principal fator que a coloca em uma condição de área de disputa entre as facções do crime organizado. Considerar essa dimensão é um dos primeiros passos para que o Estado compreenda que há uma necessidade urgente em criar mecanismos de segurança pública mais eficazes, e isso só é possível se vierem acompanhados de autênticas e eficientes políticas de defesa dos Direitos Humanos e de justiça social.

REFERÊNCIAS

ANDRADE, Israel; LIMA, Raphael Camargo. Segurança e defesa nacional nas fronteiras brasileiras. *In:* PÊGO, Bolívar; MOURA, Rosa (org.). *Fronteiras do Brasil:* uma avaliação de política pública. Rio de Janeiro: Ipea, 2018.

AVENI, Alessandri. Experiências internacionais em faixas de fronteira. *In:* PÊGO, Bolívar; MOURA, Rosa (org.). *Fronteiras do Brasil:* uma avaliação de política pública. Rio de Janeiro: Ipea, 2018.

BECKER, Betha A. *Amazônia:* geopolítica na virada do III milênio. Rio de Janeiro: Gramond, 2006.

BRAUDEL, Fernand. *Escritos sobre a história.* Tradução de Jacob Guinsburg e Tereza Cristina Silveira da Mota. São Paulo: Perspectiva, 2005.

BRASIL. Proposta de Reestruturação do Programa de Desenvolvimento da Faixa de Fronteira/Ministério da Integração Nacional, Secretaria de Programas Regionais, Programa de Desenvolvimento da Faixa de Fronteira – Brasília: Ministério da Integração Nacional, 2005.

BRASIL. Faixa de fronteira/Programa de Promoção do Desenvolvimento da Faixa de Fronteira – PDFF, Secretaria de Programas Regionais, Programa de Desenvolvimento da Faixa de Fronteira – Brasília: Ministério da Integração Nacional, 2009.

BRASIL/IBGE. *Censo demográfico 2010.* Disponível em: www.ibge.org.br. Acesso em: 11 set. 2021.

BRASIL. Política Nacional de Defesa e Estratégia Nacional de Defesa. Brasília. Ministério da Defesa. 2012.

BRASIL. Segurança pública nas fronteiras diagnóstico socioeconômico e demográfico/ Estratégia Nacional de Segurança Pública nas Fronteiras (Enafron). Brasília: Ministério da Justiça e Cidadania, Secretária de Segurança Pública, 2016.

COUTO, Aiala. Um problema de fronteiras: a Amazônia no contexto das redes ilegais do narcotráfico. *Perspectiva geográfica*, v. 6. n. 7, 2011.

COUTO, Aiala. *A geografia do crime na metrópole:* das redes ilegais à territorialização perversa em uma área de baixada de Belém. Belém. EDUEPA, 2014.

COUTO, Aiala. *Periferias sob vigilância e controle.* Rio de Janeiro: Editora Mórula, 2019.

COUTO, Aiala. Fronteiras e estrutura espacial o narcotráfico na Amazônia. *Boletim Gaúcho de Geografia*, v. 47, n. 1, p. 365-388, 2020.

FOUCHER, Michel. *Obsessão por fronteiras*. São Paulo: Radical livros, 2009.

FRAGA, Paulo Cesar Pontes. A geopolítica das drogas na América Latina. *Revista da Faculdade de Serviço Social da Universidade do Estado do Rio de Janeiro*, n. 19, ano 2017.

GEIGER, Pedro Pinchas. *Regiões fronteira no Brasil*. Rio de Janeiro, 1994.

HAESBAERT, Rogério. *O Mito da Desterritorialização*. Rio de Janeiro: Bertrand Brasil, 2004.

HAESBAERT, Rogério. Território, Cultura e Des-Territorialização. *In:* ROSEN-DAHL, Zeny; CORRÊA, Roberto (org.). *Religião, Identidade e Território*. Rio de Janeiro: Editora Uerj, 2001. p. 115-144.

HISSA, Cássio. *A mobilidade das fronteiras*: inserções da Geografia na crise da modernidade. Belo Horizonte: Ed. da UFMG, 2002.

ISHIDA, Eduardo. *Política de segurança integrada da Amazônia*: utopia ou realidade? Santiago Dantas, 2006.

KOLK, Ans. *Forests in International Environmental Politics*. Utrecht: International Books, 1996.

MACHADO, Lia Osório. Limites e fronteiras: da alta diplomacia aos circuitos da legalidade. *Território*, Rio de Janeiro, v. 5, n. 8, jan-jun. 2000.

MACHADO, Lia Osório. Movimento de dinheiro e tráfico de drogas na Amazônia. *In:* RIBEIRO, Maurides; SEIBEL, Sérgio. (org.). *Drogas*: hegemonia do cinismo. São Paulo: Memorial, 1997.

MACHADO, Lia. *Notas sobre o complexo coca* – cocaína na Amazônia sul – Americana. *In:* RELATÓRIO CNPQ; FINEP. [*S. l.*]: [*s. n.*], 1998.

MACHADO, Lia Osório. O comércio ilícito de drogas e a geografia da integração financeira: uma simbiose? *In:* CASTRO, Iná. *et al.*(org.). *Brasil*: questões atuais da reorganização do território. Rio de Janeiro: Bertrand Brasil, 1996.

MACHADO, Lia Osório. Região, Cidades e Redes Ilegais. Geografias Alternativas na Amazônia Sul-americana. *In:* GONÇALVES, Maria Flora; BRANDÃO, Carlos. (org.). *Regiões e cidades*: cidades nas regiões. São Paulo: Editora da Unesp, 2003.

MALDONADO, Salvador. Territorios, ilegalidades y soberanías de los estados-nación en torno de las drogas. *Dialnet plus*, v. 13, ano 2009. Disponível em: https://dialnet.unirioja.es/ejemplar/236732. Acesso em: 2 jan. 2020.

MOURA, Rosa; OLIVEIRA, Samara. Referências sobre a faixa de fronteira e os arranjos transfronteiriços do Brasil. *In:* PÊGO, Bolívar; MOURA, Rosa (org.). *Fronteiras do Brasil:* uma avaliação de política pública. Rio de Janeiro: Ipea, 2018.

MOREIRAS, Paula Gomes. Trajetórias conceituais e novas formas de interação nas fronteiras brasileiras. *In:* BOLIVAR, Pêgo; MOURA, Rosa (org.). *Fronteiras do Brasil:* uma avaliação de política pública. Brasília. Ipea/Ministério da Integração Nacional, 2018 – Volume 1.

NAVIA, José. *La Proibición és el Crimen*. Colombia: Mama Coca, 2002.

NEWMAN, David. On Borders and Power: a Theoretical Framework. *Journal of borderlands studies*, v.18, n. 1, spring, 2003.

NOVAES, André. *Tráfico de drogas e lavagem de dinheiro:* um estudo sobre a atuação das redes ilegais na Amazônia brasileira. Rio de Janeiro: UFRJ, 2003.

NUNES, Maria. Papel e ações das instituições brasileiras na faixa de fronteira. *In:* BRASIL. *Fronteiras do Brasil:* uma avaliação de política pública. Rio de Janeiro: Ipea, 2018.

PROCÓPIO FILHO, Argemiro; VAZ, Alcides Costa. O Brasil no contexto do narcotráfico Internacional. *Rev. Bras. Polít. Internacional*, v. 40, p. 78, [1997].

PROCÓPIO FILHO, Argemiro. Drogas ilícitas em espaços transfronteiriços. *Revista Cena Internacional*, v. 2, n. 1, p. 92-122, 2000.

RODRIGUES, Thiago. A infindável guerra norte-americana: Brasil, EUA e o narcotráfico no continente. *São Paulo em Perspectiva*, v. 2, n. 16, p. 102-111, 2002.

RODRIGUES, Thiago. *Narcotráfico:* uma guerra na guerra. São Paulo: Desatino, 2004.

SANTOS, Milton. *Por uma geografia nova*. São Paulo: Hucitec, 1986.

SACK, Robert. *Human territory:* its theory and history. Cambridge: Cambridge University, 1986.

TELLES, Vera. *A cidade nas fronteiras do legal e ilegal*. Belo Horizonte: Argvmentvm, 2010.

ZALUAR, Alba. A globalização do crime e os limites da explicação local. *In:* VELHO, Gilberto; ALVITO, Marcos. *Cidadania e violência*, Rio de janeiro: FGV, 1996.

ZALUAR, Alba. *A máquina e a revolta*. São Paulo: Brasiliense, 1995.

ZALUAR, Alba. *Da revolta ao crime*. São Paulo: Moderna, 1999.

ZALUAR, Alba. Gangs, galeras e quadrilhas: globalização, juventude e violência. *In:* VIANNA, Hermano. *Galeras cariocas*, Rio de Janeiro: UFRJ, 1997.

ZALUAR, Alba. *O medo e os movimentos sociais*. Revista Proposta, 1995.

ZALUAR, Alba. *Integração perversa*: pobreza e tráfico de drogas. Rio de Janeiro: FVG, 2004.

ZALUAR, Alba; CONCEIÇÃO, Isabel Siqueira. *Favelas sob o controle das milícias no Rio de Janeiro*: que paz? São Paulo em Perspectiva, São Paulo, Fundação Seade, v. 21, n. 2, p. 89-101, jul-dez. 2007. Disponível em: http://www.seade.gov.br. Acesso em: 9 jan. 2017.